传统聚落的空间特征解析与传承：

以前童古镇为例

夏秀敏　周璟璟　吴珊珊　著

北京大学出版社
PEKING UNIVERSITY PRESS

内 容 简 介

本书基于文化地理学的视角,对浙东地区的典型传统聚落——前童古镇,进行深入系统的研究。从前童古镇的自然环境、历史文化、空间演变、民居建筑群和装饰艺术等几个维度,剖析其空间特征,并从文旅发展与传统聚落保护传承相融合的视角,对前童古镇的规划设计开展讨论,总结相关规划和措施的实施现状,提出前童古镇未来发展的对策建议。本书的论述既不失专业性又顾及普及性,结合前童古镇现状综合分析它的空间特征、文化内涵和发展模式。

本书图文并茂、内容丰富,兼具学术性与可读性,适合于城乡规划学、建筑学研究领域的相关研究人员阅读,也可为文化地理学、遗产保护、人类学研究领域的相关研究人员提供参考。

图书在版编目(CIP)数据

传统聚落的空间特征解析与传承:以前童古镇为例/夏秀敏,周璟璟,吴珊珊著.—北京:北京大学出版社,2023.8

ISBN 978-7-301-34104-9

Ⅰ.①传… Ⅱ.①夏… ②周… ③吴… Ⅲ.①聚落地理—空间结构—研究—宁海县 Ⅳ.① K928.5 ② TU399

中国国家版本馆 CIP 数据核字(2023)第 108612 号

书　　名	传统聚落的空间特征解析与传承:以前童古镇为例 CHUANTONG JULUO DE KONGJIAN TEZHENG JIEXI YU CHUANCHENG: YI QIANTONG GUZHEN WEILI
著作责任者	夏秀敏　周璟璟　吴珊珊　著
责任编辑	吴　迪
标准书号	ISBN 978-7-301-34104-9
出版发行	北京大学出版社
地　　址	北京市海淀区成府路 205 号　100871
网　　址	http://www.pup.cn　　新浪微博:@北京大学出版社
电子邮箱	编辑部 pup6@pup.cn　　总编室 zpup@pup.cn
电　　话	邮购部 010-62752015　发行部 010-62750672　编辑部 010-62750667
印刷者	天津中印联印务有限公司
经销者	新华书店
	787 毫米 × 1092 毫米　16 开本　16.25 印张　390 千字 2023 年 8 月第 1 版　2023 年 8 月第 1 次印刷
定　　价	139.00 元

未经许可,不得以任何方式复制或抄袭本书之部分或全部内容。
版权所有,侵权必究
举报电话:010-62752024　电子邮箱:fd@pup.cn
图书如有印装质量问题,请与出版部联系,电话:010-62756370

2021 年度宁波市"科技创新 2025"重大专项《宁波海岸带文化景观传承关键技术与应用示范》(批准号:20211ZDYF020034)

2022—2023 年度浙江省文化和旅游厅科研项目《人地关系视角下艺术介入乡村旅游的绩效评价及路径优化研究》(项目号:2022KYY009)

序 言

中国的传统聚落是中华民族大家庭在不同地域、不同历史时期，人居环境不断开拓的结晶，是承载传统物质和非物质文化遗产的重要空间场所，具有整体性、系统性、地域性的历史文化价值、艺术科学价值和社会经济价值。

位于浙江省宁波市宁海县的前童古镇，是浙东地区传统聚落的典型代表。前童古镇历史悠久、风光秀丽、民风淳朴，民俗文化源远流长。能工巧匠、文学艺术、民俗佳节、乡土风情及保存完整的建筑群落，造就了古朴、浪漫、有活力的前童古镇，形成了以耕读、宗族、儒义、五匠、民俗等为核心的儒家文化古镇。前童古镇"山怀水抱"，藏风得水，充分体现了古人"天人合一"的哲学思想体系。前童古镇极具特色的"回"字形九宫八卦水系既解决了村内生活用水和族田灌溉用水，又造就了古镇空间水街并行的优美格局。渠水先村里使用，然后又流到村外灌溉农田，充分体现了前童先民利用水资源的智慧。

浙大宁波理工学院夏秀敏团队，利用地缘优势，对前童古镇的历史、聚落格局、建筑和装饰艺术等开展了系统性研究，并从文旅发展和保护传承相融合的视角，对前童古镇的规划设计进行讨论，对前童古镇的未来发展提出对策和建议。该研究成果既丰富了浙东地区传统聚落的基础研究，又可为地域文化保护传承、文旅开发及乡村人居建设等提供科学的决策依据。

该专著是2021年度宁波市"科技创新2025"重大专项《宁波海岸带文化景观传承关键技术与应用示范》和2022—2023年度浙江省文化和旅游厅科研项目《人地关系视角下艺术介入乡村旅游的绩效评价及路径优化研究》的研究成果。作为长期工作在聚落遗产保护领域中的一员，我对夏秀敏团队取得的丰硕成果表示祝贺，欣然为序，也衷心地鼓励她们继续深耕地域传统聚落研究，更期待该成果对当地的历史文化遗产保护传承实践发挥建设性的作用。

全国工程勘察设计大师
清华大学建筑学院教授
北京建筑大学建筑与城市规划学院院长

前　言

传统聚落作为人类建造活动的记载,从抽象的文化传统意识的表达到具体的物质技术的应用,无不反映聚居居民的生产和生活、社会形态、文化审美等历史发展过程。它包括了地域、民族特征及由这些特征所形成的文脉、宗教、审美等精神因素,经过自然而漫长的过程,凝练成聚落环境中鲜明的地域特色文化。中国传统聚落受地理环境的复杂性和民族文化的多样性等因素的影响,呈现出异常丰富的空间格局地域性文化。

传统聚落是多学科共同研究的对象,城乡规划学、建筑学聚焦传统聚落的物质空间,研究其空间形态及历史建筑的保护、修缮和利用。文化地理学、遗产保护、人类学等学科关注传统聚落非物质文化的历史变迁及其保护传承。长期以来,不同学科对传统聚落物质空间的研究与非物质文化的研究处于两条平行线上。近年来,随着研究的不断深入和拓展,物质空间与非物质文化研究的两条平行线时有交汇:一方面,由于传统聚落历史文化对物质空间的形塑作用,城乡规划学和建筑学在传统聚落研究中,注重对聚落文化的认知、梳理、建构和表达,通过借鉴文化地理学相关理论,对聚落物质空间的文化地理特征进行研究,已涵盖不同研究尺度、不同文化地理区域的传统聚落,从而明晰传统聚落物质空间的历时性特征,为物质空间保护修缮工作提供科学支撑,从方法到理论均较为成熟;另一方面,遗产保护学科引入"文化空间"这一融合非物质文化与物质空间的双重文化遗产概念,将传统聚落的文化活动或事件置于空间中,探索传统聚落文化保护传承与物质空间共生共融的发展路径。

本书对浙东地区极具代表性的传统聚落——前童古镇的空间特征及非物质文化进行了系统性研究和剖析,丰富了浙东传统聚落研究的基础资料和研究广度。

前童古镇位于浙江省宁波市宁海县西南，是宁海县最大的自然村，前童村落以姓氏冠名，家族同村聚居。建村历史可追溯到南宋绍定六年（1233 年），如今仍保留明清时期的历史建筑共 157 座，以民居为主，另有 32 处大小不一的宗祠，构成了一个完整有序的古建筑群，是浙东传统聚落的典型代表，也是中国传统聚落研究的重要样本。

本书共分 7 章，第 1 章是前童古镇自然条件简介，包括地理区位、气候特征和交通条件；第 2 章介绍了前童古镇的人文环境对古镇空间格局演变的影响，包括宗族文化、名人贤士、民俗特色、行会道具和饮食文化；第 3 章分别从风水格局、聚落形态和空间分布、路网体系和山水环境 4 个方面分析前童古镇的空间格局；第 4 章重点介绍前童古镇现存的历史建筑及遗迹，包括宗祠建筑和传统民居；第 5 章对浙东传统民居的形制特征、形态特征、门窗装饰和墙体构造进行研究；第 6 章介绍了浙东传统民居建筑的装饰艺术特色，包括"三雕"技艺、装饰纹样；第 7 章从政策背景、保护规划、开发现状和存在问题等几个方面对前童古镇的保护传承和发展提出建议及对策。

本书编写团队长期从事传统聚落、地域文化景观的教学、科研与规划实践工作，具备扎实的理论基础和丰富的规划实践经验。全书由夏秀敏、周璟璟、吴珊珊共同撰写，夏秀敏负责全书的总体策划、构思。其中夏秀敏完成 19 万字撰写，周璟璟完成 10 万字撰写，吴珊珊完成 10 万字撰写。

本书的顺利出版与多方面的支持密不可分。本书得到了 2021 年度宁波市"科技创新 2025"重大专项《宁波海岸带文化景观传承关键技术与应用示范》（批准号：20211ZDYF020034）研究经费的支持，也是课题的研究成果之一；也得到了 2022—2023 年度浙江省文化和旅游厅科研项目《人地关系视角下艺术介入乡村旅游的绩效评价及路径优化研究》（项目号：2022KYY009）课题的大力支持。本书在编写过程中参考了大量的专著、论文、规范、标准、规划、政策、文件等资料，对这些文献、资料的作者表示由衷的敬意与感谢。在本书完成之际，衷心感谢北京大学出版社吴迪的支持和不断督促。

传统聚落研究所涉及的问题比较庞杂，由于时间仓促，加之作者水平有限，书中难免存在疏漏与不足之处，恳请广大读者批评指正。

目　录

第 1 章　自然条件 　/ 1

1.1　宁海县概况 　/ 2

1.2　前童古镇概况 　/ 3

1.3　气候特征 　/ 6

1.4　交通条件 　/ 6

第 2 章　人文环境对古镇空间格局演变的影响 　/ 9

2.1　宗族文化 　/ 10

2.2　名人贤士 　/ 17

2.3　民俗文化 　/ 20

2.4　饮食文化 　/ 36

第 3 章　极具儒家文化古韵的古镇格局 　/ 39

3.1　山环水抱、藏风得水的风水宝地 　/ 40

3.2　聚落形态和空间分布 　/ 44

3.3　"回"字形的路网体系 　/ 50

3.4　山水环境造就独特的古镇特色 　/ 62

第 4 章　前童古镇的历史建筑及遗迹　/ 69

4.1　儒家传统文化的象征——宗祠建筑　/ 71
4.2　明清建筑风格的传统民居　/ 88
4.3　其他历史建筑及遗迹　/ 121

第 5 章　浙东传统民居的建筑特征　/ 133

5.1　浙东传统民居的形制特征　/ 134
5.2　浙东传统民居的形态特征　/ 137
5.3　浙东传统民居的门窗装饰　/ 143
5.4　浙东传统民居的墙体构造　/ 151

第 6 章　浙东传统民居的装饰艺术特色　/ 159

6.1　浙东"三雕"的艺术特色　/ 160
6.2　传统装饰图案的艺术特色　/ 182

第 7 章　前童古镇保护传承和发展　/ 203

7.1　历史文化遗产保护和传承的政策背景　/ 204
7.2　旅游业的发展现状及趋势　/ 206
7.3　探索古镇保护和发展途径　/ 208
7.4　全力推进古镇可持续发展　/ 243

参考文献　/ 246

第 1 章 自然条件

1.1 宁海县概况

宁海县又称"缑城",自西晋太康元年(280年)设县,至今已有1700多年的历史。宁海,顾名思义是平静的大海。相传东海之内皆波涛翻滚,唯此处港湾风平浪静,故称宁海。宁海县海岸线曲折蜿蜒、岛屿星罗棋布、滩涂众多、水域资源丰富,犹如一颗璀璨的明珠镶嵌在美丽富饶的东海之滨,并以它特有的魅力为世人所瞩目。李白的"凭高登远览,直下见溟渤"、孟浩然的"海行信风帆,夕宿逗云岛"等著名诗句所描写的山海风光就是宁海县最为生动和形象的写照。与传统意义上"江南水乡"的温婉细腻不同,宁海县更多地承袭了农业文明中憨直、朴厚的习性,而少有城市商业文明中的浮滑与市侩。在史书里添上浓墨重彩的明朝大儒方孝孺,"左联五烈士"之一的柔石,现代著名画家、教育家潘天寿,有"浙江蔡锷"之称的童保暄,他们正气齐天的人文品格世代相传,构成了醇香而苍劲的江南文化。

宁海县位于浙江省东南沿海,地处北纬29°06′~29°32′、东经121°09′~121°49′之间,东接象山县,南壤三门县,西与天台县、新昌县为界,北连奉化区。宁海县背山面海,西部连接天台山脉,北濒象山港,南临三门湾。县域整体地势呈西北高东南低,分布着山地、平原和丘陵,属滨海丘陵地带。天台山脉中段横亘全境,是宁海县重要的生态屏障。西北部高山峻岭、山峦叠翠,中部谷地平坦、溪流纵横,东南部平地和海域滩涂居多,呈现出"七山一水二分田"的格局。

前童古镇、宁海森林温泉、伍山石窟、浙东大峡谷、宁海国家级登山健身步道等著名景点,以特有的生态美、人文景观和山风海韵吸引着各地游客。宁海县是《徐霞客游记》的开篇地,也是"中国旅游日"的发祥地。每年5月19日举办的中国(宁海)徐霞客开游节活动,已成为当地知名的品牌节庆活动。宁海县深挖文脉底蕴,坚持保护与开发相结合、传承与创新相统一,培育特色文化平台、文化品牌和文化载体,积极推动优势传统文化创造性转化、创新性发展,取得了一系列成果。宁海县先后获评国家全域旅游示范区、全国文化先进县、中国古戏台文化之乡、中国婚嫁文化之乡、中国茶文化之乡、中华诗词之乡、中国古村落文化遗产研究基地、中国生态旅游百强县、全国十佳生态旅游城市、全国休闲农业与乡村旅游示范县、全国休闲标准化示范县、浙江省旅游经济强县、浙江省旅游发展十佳县等多项殊荣。

1.2 前童古镇概况

清乾隆初年纂修的《塔山童氏宗谱》记载着天台名士齐周华的堪舆指绘："……前童其大村也，其地宽衍肥沃，自展一局，周围十余里。东西夹以塔鹿两山，山皆拔地而起；南北环以前后二溪，溪上下皆交会有情。阳宅最胜处也。自宋、元、明、清以来，雁门郡童氏世居之，丁财昌炽，甲於西南。余尝登高而望，心慕焉。微以乾山太远，未免气泄。脊梁虽有孝女湖，收溪水于艮。然止以发秀而不足以阜财，非厚培松竹杂木，无以补之。"这段记述不仅是对当时前童古镇的生动描绘，更是当今研究古镇保护与开发不可缺少的珍贵史料。

据 1995 年重新修订的《宁海塔山童氏谱志》记载，南宋绍定六年（1233 年），官居迪功郎的始祖童潢举家从台州黄岩丹崖上呑迁居前童。村东的塔山是童氏祖先安身立命之所，也是守护村庄的天然屏障。童氏祖先认为此山是镇水、护民的神山，并称其为"父亲山"，因此在编撰族谱时，在姓氏前冠以"塔山"二字。因童氏居住地北侧有座慧民寺，故称为"寺前童"，后改称前童。前童古镇是典型的浙东宗族村落，承载着千年记忆和文脉，蕴含着独特的历史文化遗存。前童古镇现存明清时期的传统民居 157 座，各类宗祠 32 处，它们共同构成了古镇完整而有序的明清古建筑群。

前童古镇南有状元峰、石镜山，北靠梁皇山，东有塔山，西为鹿山，形成了群山环抱的地理格局，如图 1.1 所示。南侧白溪横亘，北侧梁皇溪环绕，犹如两条母亲河滋养着这片平旷

图 1.1　前童古镇航拍

的土地,如图1.2所示。孝女湖、庙湖、致思亭、学士桥、南宫庙等名胜古迹留存至今,见证了前童古镇的历史和文化。《徐霞客游记·游天台山日记》(图1.3)记载:"癸丑(1613年)之三月晦,自宁海出西门。云散日朗,人意山光,俱有喜态。三十里,至梁隍山。"书中提到的梁隍山就是坐落在前童古镇北侧的梁皇山。南朝梁宣帝隐居之地、徐霞客行旅首宿之地、太平天国古战场遗址都位于前童古镇境内,为前童古镇增添了几分神秘色彩。

图1.2 白溪

图1.3 《徐霞客游记·游天台山日记》

童氏祖先引水入村,按照"回"字九宫八卦式布局修建了水系,形成了一个完整的水网系统。走进古镇,阡陌交错的街巷,家家连流水小桥,户户通鹅卵石曲径……这些都凝聚了童氏祖先的智慧,如图1.4所示。白墙黑瓦、精美的石花窗、雕梁画栋,呈现出古镇昔日的殷实与繁华,展现了古人的生活格调和审美情趣,如图1.5所示。

图1.4 小桥流水人家

第 1 章 自然条件

图 1.5 前童古镇

伫立鹿山之巅,远眺前童古镇,一座座鳞次栉比的古宅院隐没于葱茏挺拔的林木间,蜿蜒曲折的街巷点缀其间,显得格外静谧安详……明朝大儒方孝孺题写的前童八景"塔峰晓日、鹿阜斜晖、双溪钩月、石镜寒泉、学士桥柳、孝女湖莲、梁山鹤唳、石泄龙吟"都尽收眼底。

元末明初,童氏第七世祖童伯礼曾先后两次邀请明朝大儒方孝孺到石镜精舍讲学,为当地培养了大量人才。辛亥革命期间,有"浙江蔡锷"之称的童保暄任浙江临时都督,他是浙江废除帝制和反袁世凯的主要领导人之一。已故著名油画家、导演陈逸飞的电影《理发师》就是取景于前童古镇。古镇内的逸飞影院常年放映着《理发师》,很多游客都会被影片中充满儒雅和乡土气息的前童古镇所吸引。2013 年中国邮政发行了"中国古镇"系列邮票,第一枚便是历史悠久、文化积淀深厚的前童古镇邮票,如图 1.6 所示。

图 1.6 前童古镇邮票

前童古镇也是著名的"五匠之乡",尤其以木匠、雕刻等民间手工艺闻名于世。人民大会堂浙江厅的木雕龙舟、北京故宫博物院收藏的花轿和木雕嵌镶床等作品均出自前童工匠之手。如今前童工匠遍布全国,以其高超的技艺获得了良好的口碑。

丰富的自然景观资源和悠久的历史文化积淀使前童古镇成为具有较高知名度的旅游休闲地,每年到前童古镇的旅游观光者络绎不绝。在我国旅游业蓬勃发展的背景下,前童古镇面临着前所未有的挑战与机遇。"以游促旅、以旅兴镇"已成为前童人的普遍共识与发展方向。经过历届当地政府的共同努力,前童古镇获得了一系列荣誉:1999 年被浙江省批准为省级旅游城镇;2000 年被列入浙江省历史文化保护区;2007 年被建设部和国家文物局授予中国历史

图 1.7 游人如织的前童古镇

文化名镇；2009 年被评为浙江省十大生态旅游名镇；2012 年被评为国家 AAAA 级旅游景区；2014 年前童元宵行会被列入第四批国家级非物质文化遗产保护名录；2020 年被评为省级美丽城镇建设样板。在宁海县全域旅游的发展格局中，前童古镇积极打造国家 AAAAA 级旅游景区，旅游品牌的影响力得到进一步增强，旅游业成为地区支柱性产业，如图 1.7 所示。

1.3
气候特征

宁海县属亚热带季风性湿润气候，常年主导风向为东南风，气候温暖湿润。但每年八九月常有台风侵袭沿海乡镇，给当地百姓的日常生活造成了很大影响。宁海县四季分明、阳光充足、雨量充沛，年平均气温为 15.3～17℃。由于复杂多变的地形和温暖湿润的气候，土壤和植被呈现出多样性的特征，木材、石材等建筑材料相对容易获取，从而形成了具有地域特色的传统民居。

前童古镇的传统民居通常都坐北朝南，也因宅院周边道路的走向，部分宅院的朝向会偏西或偏东。前童古镇传统民居的布局符合风水要求，采光明净通透，同时还注意防火、防潮、防盗，从而形成了前童古镇丰富的聚落形态。

1.4
交通条件

前童古镇地处宁海县城西南，北邻黄坛镇，东南与一市镇和三门县沙柳镇相连，西南与桑洲镇、岔路镇接壤，距宁海县城 10 千米。

1.4.1 外部交通条件

前童古镇的机动车交通组织较为清晰，车行道路分布在古镇外围。省道甬临线、同三高速公路贯穿南北，构成了便捷高效的交通网络，如图 1.8 所示。甬台温铁路和高速

第 1 章
自然条件

公路穿镇而过，铁路设有宁海站，出宁海站有公交车直通前童古镇。高速公路设有梅林、西店、岔路、长街四个高速出入口，从岔路高速出口可直达前童古镇。前童镇镇域内公路四通八达：前梁公路可达梁皇山，前宁公路通至宁海县城，前岔公路直达岔路镇，前沙公路通至沙柳镇及三门县城。

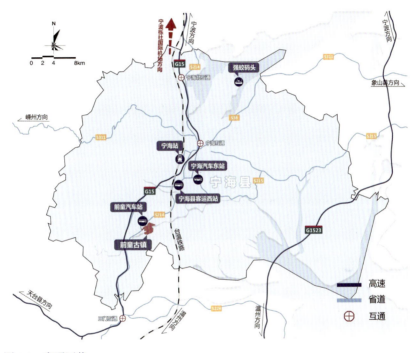

图 1.8　交通区位

古时的前童古镇是宁海县城通往三门县、临海县和天台县的必经之地，来往的官员、客商、游客等等络绎不绝。如今的前童古镇交通设施建设日臻完善，交通系统纵横交织成网，非常便利。

1.4.2　内部交通条件

前童古镇内部街巷相互交织，构成了四通八达的网状步行交通系统，延续了历史风貌和文化内涵。"小桥流水""曲径通幽"是前童古镇最真实的写照，也是人们对街巷、宅院最直观的印象，如图 1.9 所示。但是南大街在前童大祠堂附近被其他建筑隔断，阻碍了前童古镇东、西两个地块的联合发展，也限制了其对周边居住环境和配套设施的改善，当地政府正积极协调各方资源以解决这一问题。

传统聚落的空间特征解析与传承：
以前童古镇为例

图1.9　古镇街巷

第 2 章 人文环境对古镇空间格局演变的影响

中华民族有五千年的历史和文化，我们的祖先世世代代在这片辽阔的土地上劳动生息、繁衍后代，用他们的勤劳和智慧创造出灿烂的华夏文明。千百年来，中华民族为了这个共同的梦想而努力奋斗，创造出无数令世人赞叹的成就，也留下许多可歌可泣的故事。《孟子·离娄上》言："人有恒言，皆曰，'天下国家。'天下之本在国，国之本在家，家之本在身。"由此可见，家庭的前途命运同国家和民族的前途命运紧密相连，从而使华夏文明得以薪火相传。

2.1 宗族文化

2.1.1 儒家文化影响下的宗族制度

在我国传统社会里，宗族制度是一种十分重要的社会制度，也是一种特殊的社会关系形态，在中国古代政治制度中占有极其重要的地位。著名社会学家费孝通先生的《乡土中国》指出："宗族（家族）是单系亲属原则所组成的社群，是由许多家（庭）组成的社群。"他认为宗族（家族）是按照父系血缘关系联结在一起的团体。著名社会史学家冯尔康的《中国宗族史》指出："宗族是由父系血缘关系的各个家庭，在祖先崇拜及宗法观念的规范下组成的社会群体……因此可以把宗族称为家族。"由此可见，家庭、以男性血缘为纽带的成员关系、聚族而居、家族中存在领导者，这四个条件构成了一个家族或者宗族最重要的特征。在这种情况下，人们往往根据这些条件来划分氏族或宗族。"族内结构"作为同宗纵向血脉分衍的产物，有其鲜明的层次，它清楚地显示出家族在宗族网络中的地位和相互联系。宗族制度是我国历史上存在时间最长、影响最深远的一项社会、政治和经济制度，至今仍有一定影响力，但已发生本质上的变化。

"礼"是儒家文化的核心概念，它不仅是维护政治统治秩序的重要手段，也是重要的伦理教化工具。周公将祭祀之"礼"演变为维护国家制度、宗法制度和礼节仪式等，并以此为基础建立起一套完整的礼教体系。先秦儒家继承并发展了《周礼》中所记载的礼制，形成了以儒家礼制为核心，包含土神崇拜、祖先崇拜和宗法制度在内的一整套道德教化体系。江南社会在伦理、政治等因素作用下形成一种特殊的神缘结构，即以民间信仰为主体的宗法制度，这一信仰文化也成为社会秩序得以安定的重要保证。宗族制度通过对神权和族权的控制来维持以儒家礼乐为核心的价值体系，并通过宗祠、家族、亲子关系和血缘关系的维系，建立起个体和群体之间的关联。宗族制度作为我国古代重要的社会秩序，具有浓厚的伦理色彩，特别对宋朝及以后的社会产生直接的影响。宗法在乡土社会结构中所表现出的普遍性，体现在传统村落等主流社会组织的长期自治中。在这一过程中，以血缘纽带为依托建立起来的宗族组织逐渐成为维护国家政权和地方治理的主体力量，并对乡村秩序产生了重要影响。宗法制度呈现出由神权向族权转变的特征，它继承了儒家礼制，同时也关注亲子关系和血缘关系。

宗族制度盛行，是中国古代社会的重要特征之一。以血缘关系为纽带而组建的村落，在原始聚落中已有明显表现。这种由血缘派生的“空间”关系，数千年来一直影响着中国传统村落的形态。在中国封建社会的管理体系下，宗族管理具有举足轻重的地位，维护了整个群体的利益。宗族组织主要由族谱、宗祠、族规和族产等组成，实行“族长制”的管理制度，对宗族内部成员进行管理和道德教化，以维持宗族的正常运行。族谱、宗祠、族规和族产相互协调，将家族成员紧密联系起来，保持宗族内部团结和谐。明清以后，浙东地区的宗族制度主要包括宗族、房派和家庭三个层级。宗族组织形式由单一向多元转变，形成了具有多层次的宗族结构。以“公”为中心的宗族观念仍然存在，并且影响着人们的生活方式和行为模式。宗族的公费来源于公堂田、祭祀田、公共房产等资源的收入。各个房派也有自己的目标和追求，影响着房派的自我发展与竞争意识。房派通过尊祖敬宗来维护本支系的利益，从而促进了整个房派的发展。

乡土建筑遗产保护专家陈志华认为一个村庄的实质就是宗法共同体，即宗族组织对于整个系统的治理与运作，并且维持着村庄日常社会生活的正常状态。因此，我国传统村落形成的过程其实就是家族逐渐壮大的过程，而其内部成员之间的关系则主要表现为血缘关系和地缘关系。它影响着生活于村落中的每个人，而每个人不同的生活习性又从侧面影响了村落肌理所凸显出来的个性。

2.1.2 “崇文重义”的童氏宗族

前童古镇以姓氏命名，家族子孙生活在同一个村落并以“塔山童氏”自居，他们在此耕读传家，过着简朴而充满人情味的乡野生活。在童氏宗族文化传承千年的基础上，台州地区特有的地域文化对塔山童氏的认知与情感产生了深远影响，孕育出“崇文重义”的塔山童氏。

据《宁海塔山童氏谱志》记载，始祖童潢迁来此地居住后，次子和三子迁居他乡，长子童基一直在塔山安家落户，所以塔山童氏都是童基后裔，如图 2.1 所示。元末明初，第

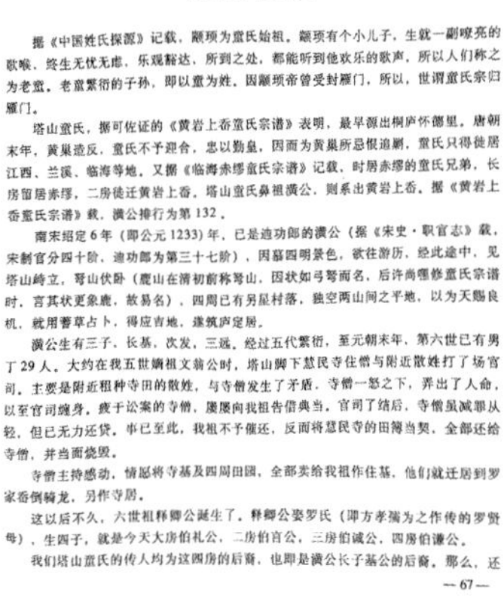
第五篇　人口

氏族源流

据《中国姓氏探源》记载，颛顼为童氏始祖。颛顼有个小儿子，生就一副嘹亮的歌喉，终生无忧无虑，乐观豁达，所到之处，都能听到他欢乐的歌声，所以人们称之为老童。老童繁衍的子孙，即以童为姓。因颛顼帝曾受封雁门，所以，世谓童氏宗归雁门。

塔山童氏，据可佐证的《黄岩上畲童氏宗谱》表明，最早源出桐庐怀德里，唐朝末年，黄巢造反，童氏不予迎合，忠以勤皇，因而为黄巢所忌恨追剿，童氏只得徙居江西、兰溪、临海等地。又据《临海赤缪童氏宗谱》记载，时居赤缪的童氏兄弟，长房留居赤缪，二房徒迁黄岩上畲。塔山童氏鼻祖潢公，则系出黄岩上畲。据《黄岩上畲童氏宗谱》载，潢公排行为第 132 。

南宋绍定 6 年（即公元 1233) 年，已是迪功郎的潢公（据《宋史·职官志》载，宋制官分四十阶，迪功郎为第三十七阶），因慕四明景色，欲往游历，经此途中，见塔山峙立，弩山伏卧（鹿山在清初前称弩山，因状如弓弩而名，后许尚暹修童氏宗谱时，言其状更象鹿，故易名），四周已有另星村落，独空两山间之平地，以为天赐良机，就用蓍草占卜，得应吉地，遂筑庐定居。

潢公生有三子，长基，次发，三远。经过五代繁衍，至元朝末年，第六世已有男丁 29 人。大约在我五世嫡祖文翁公时，塔山脚下慧民寺住僧与附近散姓打了场官司，主要是附近租种寺田的散姓，与寺僧发生了矛盾，寺僧一怒之下，弄出了人命，以至官司缠身，疲于讼案的寺僧，屡屡向我祖告借典当。官司了结后，寺僧虽减罪从轻，但已无力还贷，事已至此，我祖不予催还，反而将慧民寺的田簿当契，全部还给寺僧，并当面烧毁。

寺僧主持感动，情愿将寺基及四周田园，全部卖给我祖作住基，他们就迁居到罗家畲倒骑龙，另作寺居。

这以后不久，六世祖释卿公诞生了。释卿公娶罗氏（即方孝孺为之作传的罗贤母），生四子，就是今天大房伯礼公，二房伯育公，三房伯诚公，四房伯谦公。

我们塔山童氏的传人均为这四房的后裔，也即是潢公长子基公的后裔。那么，还

— 67 —

图 2.1　氏族渊源

六世童释卿生了伯礼、伯言、伯诚和伯谦四个儿子。此时家族人口已接近一百五十人，为了日后公平、公正地处理族中一切事务，便建立起较为完备的"房派"制度。因此伯礼、伯言、伯诚和伯谦是塔山童氏四个房派的祖先，也称为"塔山童氏老四房"。自此，塔山童氏产生了"房派"的结构格局，确保了塔山童氏宗族管理的有序和公正，并逐渐走向兴盛。

塔山童氏宗族以族谱、宗祠、族规和族产为依托，由族长、宗长和"讲案先生"掌管家族日常事务，并形成了一套完整的宗族制度。族长负责管理家族行政事务，宗长负责主持家族祭典等重要活动，有时族长和宗长可以由同一个人担任。"讲案先生"负责调解村民之间的矛盾，通常由受过良好教育、享有崇高声望的村民或乡绅担任，在某种程度上拥有一定的审判职能。族长、宗长和"讲案先生"各司其职，共同承担着组织宗族的生产活动和处理宗族公共事务的任务，而且通过各种途径对外宣传塔山童氏的价值理念，以实现教化民众和维护社会稳定的目的。

民间所谓"国有国法，族有族规"，反映了家族规约对族人的影响力和约束力。族规是家族为了约束家族成员所制定的公约性文件，是维护族权和保障谱牒完整的依据。塔山童氏族规通过祖训等方式对后代子孙各方面的行为作出明确规定，主要集中于宗祠祭祀、财产继承、宗谱体系等条款。塔山童氏族规规定："每产一男，必置田一亩"，这种为后代子孙置田地的观念，使前童古镇没有因为人地之间的矛盾而使村庄分崩离析（董亿勤等，2015）。

宗族制度的经济支柱在于宗族财产，即族产与房产。族产属公共财产，它是宗族制度得以运转的经济后盾，也是宗族得以存在与发展的物质基础。族产通常用于祭祀先祖、修谱建祠、救助本族贫困家庭和褒奖考取功名者，主要包括前童大祠堂、祀田和祀山等。房产则由各个房派负责经营管理，用于祭祀先祖和维持家庭生活开支，主要有各类支祠、祀田和祀山等。祠堂是宗族管理和家族成员社会交往的场所，是一种特殊的社会文化空间，也是维系各家族成员之间沟通感情和交流信息的通道。祭祀活动、伦理教化和济弱扶贫等各种公共性的活动都必须在祠堂内完成。

《宁海塔山童氏谱志》是一部记录塔山童氏的史书，记载着家族的兴衰历程，是认识童氏宗族历史文化的重要资料。自明朝始至民国止，塔山童氏合族纂修宗谱共6次，记录了谱序25篇、祖训10篇、辑录诰命、敕封、总统嘉奖令等11篇、人物传志158篇、181人（其中合传9篇），其他墓志铭、赞、祭文、寿、序及文章等近500篇（首）。这些作品的作者不乏名噪一时的名人、要人，如明朝大儒方孝孺、嘉靖状元秦鸣雷、万历状元杨守勤、考古学家赵挥谦、翰林院编修齐召南、大学者俞曲园和章太炎，以及国民党中央宣传部部长邵力子、民国时期任浙江省省长的齐耀珊等。

明洪武十八年（1385年），方孝孺在乡贤童伯礼的邀请下为童氏纂修族谱，并对童氏宗祠的形制、祭祀仪式、纲常伦理等做了详细的规定。从此塔山童氏便逐步形成了以祠堂为中心的家族组织结构，并逐渐发展壮大。1995年，塔山童氏重修了《宁海塔山童氏谱志》，共13卷600余万字。它以翔实的资料、严谨的考证再现了塔山童氏在政治、经济、文化等方面的成就与影响,是一部不可多得的珍贵文献。塔山童氏以敦字辈排行作为房派制度的开始,后根据族脉流传建立房派,一个房派为一脉世代传承,如图2.2所示。《宁海塔山童氏谱志》对18个"房派"做了比较完整的记录,对研究"房派"在童氏宗族中的传承和影响具有重要意义,所以一直以来受到学术界和社会各界的广泛关注。由此可见,族谱是继承祖先文化遗产,弘扬家规、家训的有效手段。族谱使家族文化得到传承、家族成员的感情得到认可,维持了家族的向心力和凝聚力。

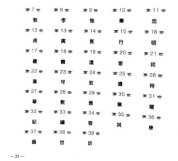

图 2.2　行第排序

2.1.3　推崇"忠孝礼义"的童氏祖训

我国家训伦理思想源远流长,上至四书五经、下至家训,都蕴含着深厚的传统道德文化,极大地影响了中华民族的思想道德建设,已成为中华优秀传统文化的重要组成部分。著名哲学家黑格尔认为中国文化的特质是家族精神,家训正是体现家族精神的最好载体。家训作为我国封建社会重要的家庭教育文献之一,在古代父母对子女的教育和管理中发挥着不可替代的作用。它不仅记录了我国传统的家庭教育情况,还反映了我国社会教育发展的轨迹和社会文化历史的变迁。五千年来,中华民族积累了极为丰富的文献典籍,其中不乏优秀的家训和家书。这些家训和家书是中华民族弥足珍贵的人生经验和处世智慧的结晶,也是我们今天传承和弘扬中华传统美德的宝贵资源。一家之训是家庭成员所共有的价值观与行为准则,一国之训是国家全体国民所共同奉行的行为准则,二者相辅相成。

塔山童氏历来注重教育,以儒家倡导的礼仪道德教导族内子弟治心修身,讲究以家礼和家规教化后代,形成了良好的家风。他们将祖先崇拜与家庭伦理规范相结合,将"忠孝礼义"作为自己的核心价值观,构建了一套完整的伦理道德体系,并形成了"重义轻利""孝敬父母""勤俭持家""耕读传家"的优良家风。塔山童氏敬遵先辈垂训劝诫、锤炼子孙后代守正品格,因此成为当地首屈一指的大家族。

塔山童氏族规由明朝大儒方孝孺制定,主要内容包括:勤俭俭朴;尊老敬贤,以孝为先;修身齐家,以德为本;重义轻利,以信义为宗;等等。它不仅体现了明初的社会风尚和道德观念,也对后世产生了深远的影响。族谱留下家训10篇,即《伯礼公遗训》《嘉言十二条以垂祖训》《太宇公裕后训言》《芷庵公遗嘱》《葛氏太孺人遗训》《䕫亭府君家训》《则堂公综述祖德以训后嗣》《宪仁公遗训》《云峰百字经》《作霖公十嘱》。这些家训在祭祀、侍亲、亲情、治家、嫁娶、教子、睦邻、德行、为官等诸多方面有着明确的

祖 训

敦一大祖遗训曰：诸子若孙，咸听吾言：自元季衰乱，先世卜居於此，披荆斩棘，播迁辛苦，以致于吾。吾兄弟幼失怙，吾母延正学先生，诲吾兄弟，吾兄弟至今凛守不敢忘，皆汝曹所亲见者也。夫水必有源，源远故流长；木必有本，本深则叶茂。彼夫前悬石镜，后枕平岗，两峰夹于东西，双溪绕于南北，居孰贻之安耶。桑麻田土，颇无旱涝之忧，山木溪鱼，堪给岁时之养，业孰贻之厚耶。四书六经，诸子百家，圣贤垂训，孰聚之使之积案盈笥，以便弦诵耶。汝曹能念造家之难，则知守家之不易也。曩者，方先生入禁林为书徵召，吾辞谢再三，岂诚不乐仕进哉。顾念母老是以坚辞。今详列规条为后人训：

祖祠祭器，一凛先型。兄弟同爨，日久则分，当念祖宗，毋得违越。读书耕田，奉公完课，毋或作奸愿以自取辱，塔山以给采樵，毋伤萌蘖。鹿山作镇兹土，毋得削掘，以损来龙。坟茔先灵所栖，毋得附葬，以蹈不孝。两溪树木，皆是手植，毋得剪伐。婢仆与有勤劳，毋得凌虐。昔万石君家，子孙皆孝行醇谨，光于汉史，吾常慕之，每念不忘。汝曹当思先世积累之德，子孙绵远之基，勉率吾语。

大清道光辛卯之岁夹钟月上澣　派孙等敬述

图 2.3 《伯礼公遗训》

规范，反映了塔山童氏的优良家风和崇高品德，同时也凝聚着一代又一代童氏先辈们的智慧。

从古至今，中国人把"孝"作为崇高的道德情操和道德规范融入社会生活中。"孝"是中华民族的传统美德，我国有许多关于"孝"的著述、谚语、格言，流传至今。塔山童氏在漫长的历史发展进程中形成了独特的"孝"文化。《伯礼公遗训》记载："昔万石君家，子孙皆孝行醇谨，光于汉史，吾常慕之，每念不忘。汝曹当思先世积累之德，子孙绵远之基，勉率吾语。"童氏祖先以万石君的故事训育后代子孙，孝敬父母是做人的根本，更是修身齐家治国平天下的基石，如图 2.3 所示。据《宁海塔山童氏谱志》记载，有关"孝"的文章就有 80 余篇。

"仁"与"义"在中国传统文化中是密切结合的。孔子讲"杀身以成仁"，孟子讲"舍生而取义"，孔子的侧重点在"仁"，孟子则将"仁"和"义"更紧密地联系起来，共同成为道德行为的最高准则。台州地区自古以来山魂海魄，素来"轻生重义"，环境和历史等多重因素造就了刚强硬朗中又带点"迂"的性格特征，鲁迅先生称之为"台州式的硬气"。由于宁海县在历史上属台州府所辖，受台州地区风俗民情和历史文化的影响较多，因此宁海人的性格中也带有"台州式的硬气"，这种硬气在塔山童氏的个性上表现得淋漓尽致。尽管塔山童氏遭受了三次惨重的血光之灾，即"方氏（方国珍）兵梢案""方氏（方孝孺）沾亲案""太平天国兵灾案"，却依然以"诗礼名宗"卓立于世，仁人志士辈出，究其原因在于重教育、讲仁义。首先是重教育，童伯礼两次聘请方孝孺来前童讲学，并首创"石镜精舍"，形成了耕读传家的好家风。其次是讲仁义，由于"方氏（方国珍）兵梢案"的牵连，塔山童氏成年男丁充军戍边，有一户的弟弟"别新婚，代兄去充军"，结果客死他乡。此举充分体现了"仁义"二字。

当代社会注重优良家风，对家庭建设、社会发展和民族复兴有着积极的作用。新时代继承和发扬优秀传统家风，就是要践行社会主义核心价值观，要爱国爱家、爱岗敬业、艰苦奋斗、诚信为本，努力建设富强、民主、文明、和谐的社会主义现代化强国。

注：

① 方氏（方国珍）兵梢案：元末明初，浙东农民起义军领袖方国珍是黄岩人，与前童附近后方村的方氏同宗，因此方国珍经常在附近活动。他曾写信给童伯礼，邀请他成为

自己的幕僚,但童伯礼拒绝了他的盛情邀请。后来,方国珍与朱元璋由于政见不合反目成仇,方国珍兵败。因此朱元璋视与方国珍有接触的人都是异己,将童伯礼流放到南京高邮卫邹百户队下屯田服苦役,并且世代相替,直至清朝初年才解除。

② 方氏(方孝孺)沾亲案:公元1402年,方孝孺因为拒绝为燕王朱棣草拟登基诏书而惨遭"灭十族"之害,童氏方门弟子不是充军就是逃亡,受牵连的童氏子孙先后充军达156年之久,直至明万历十三年(1585年)才得以解除。

③ 太平天国兵灾案:清同治元年(1862年),太平军李遇茂部众6万想借道前童北进,征求前童率领的西乡团练意见,童氏族人为"忠义"二字拒绝接受太平军利诱和恐吓,并埋伏在太平军先头部队中,遭太平军血腥屠村杀害853名,长达八旬,幼至双手抱婴,70余户惨遭屠戮……

2.1.4 耕读传家、诗礼名宗

在我国古代封建社会中,农业是国家经济基础和命脉所在,农业所创造的灿烂文明是人类文明史中不可缺少的一部分。恰如张岱年在《中国农业文化》序言中所说:"中国古代哲学理论、价值观念、科学思维及艺术传统,大都受到农业文化的影响。"也就是说,乡土中国的文化自觉、文化自信多是源于农耕文化。"耕读文化是建立在农业文明基础上、以半耕半读为生活方式、以耕读结合为价值取向的一种文化模式,是中国传统文化的重要组成部分。""耕"泛指耕作、渔猎、采集等以农耕为主要内容的全部生产活动。"读"主要指对道德礼仪和教化伦理方面的学习,如教育、科举、孝悌、祭祀等。"耕"与"读"相互依存,共同构成了中华民族特有的精神资源。邹德秀在《中国的"耕读文化"》中提出耕读文化的群体主要有三类人:一是读过书的农庄主、较富裕的自耕农;二是隐士;三是关心农业生产的政府官员。古人主张"耕读传家",耕田能丰五谷,养家糊口以立命;读书能知诗书达礼义,修身养性以立德。"耕读传家"体现了中国传统农耕文明的文化特征,同时也受地理环境、宗族制度、家国情怀的影响。耕读文化和传统村落的发展密切相关,它随着村落繁荣而愈加昌盛,反过来耕读文化又能促进村落兴盛。

"耕读传家"的理念最早出现在东汉班固的《汉书·艺文志》中:"古之学者耕且养,三年而通一艺,存其大体,玩经文而已,是故用日少而畜德多,三十而五经立也。"可见"耕读传家"是中国传统农耕文明的具体实践形式和生活方式。它不仅是价值观念、社会制度、美学理想,也是社会生产力、生产关系的载体和产物(张颖,2019)。国学大师梁漱溟先生在《中国文化要义》中指出"耕读传家""半耕半读"是人人熟知的口语……耕与读之两事,士与农之两种人,其间气脉浑然相通而不隔。耕读文化的背后隐藏着一种不能入仕、追求"隐居求其志"的傲然姿态,它对于浙东地区村落的形成和发展有着不容忽视的作用,在某种程度上还改变了人们的生活方式与精神状态。

隋唐之后，随着科举制度的建立，一大批寒门子弟纷纷入仕。到了宋朝，大批文人参与科举取士，耕读传家蔚然成风。耕读之道不仅在于修身养性，还在于追求真、善、美。朱熹阐释耕养之道时说道："予闻古之所谓学者非他，耕且养而已矣。其所以不已乎经者，何也？曰，将以格物而致其知也。学始乎知，惟格物足以致之。知之至则意诚心正，而大学之序推而达之无难矣。若此者，世亦徒知其从事于章句诵说之间，而不知其所以然者，固将以为耕且养者资也，夫岂用力于外哉？"。在封建社会通过科举考试入仕，已成为以知识分子为主体的"耕读结合""半耕半读"的价值取向，这种耕读与科举进仕之间存在着密切的联系。耕读文化在科举制度的推动下不断发展和演进，尤以江浙一带的耕读文化氛围最为浓厚。躬耕苦读、以学致仕更是浙东地区耕读文化传统，以致于"朝为田舍郎，暮登天子堂"的劝学诗流传于世。

前童古镇向来以"诗礼名宗"为世人所熟知，这里山川秀丽、民风淳朴，是一个理想的读书之地。前童大祠堂的正殿内居中悬挂着一块"诗礼名宗"的匾额，如图 2.4 所示。古时的前童古镇拥有 3000 余硕的良田和丰富的水资源，为塔山童氏提供了广阔的生存空间。自给自足的农业为塔山童氏的繁衍生息提供了坚实的物质保证，形成了耕读传家、勤俭持家的优良传统，并延续至今。

前童大祠堂是传统乡土文化的重要载体，族长或宗长在宗族组织中通过宗族教育和各项专项支出来鼓励读书致仕，从而形成了以大祠堂为中心的耕读文化传承格局。

早在明初，童伯礼筑"石镜精舍"，以聚六经群书数百千卷，礼聘方孝孺先生课教子弟。自此，"读书不求闻达，亦足变化气质"就成了童氏祖先所崇尚的理想。谨节堂、文昌阁、聚书楼、集贤斋、尺木草堂、鹿鸣山房、德邻书院等十余所求学藏书的私家书院相继建立。据《宁海塔山童氏谱志》记载，到明清时期，塔山童氏拥有秀才以上功名者达 202 人，如图 2.5 所示。前童大祠堂正殿内的"祖训碑"上记载着后代子孙要"耕读传家"的祖训。前童古镇的牌坊附近有一座"职思其居"的四合院，这里是科举制度取消

图 2.4 "诗礼名宗"匾额

图 2.5 "仕官录"匾额

之后创办启蒙学堂的地方,后来学堂迁到了前童大祠堂。

古人认为保持"耕读传家"的传统,进则可以出仕荣身,兼济天下;退则居家耕读,尚有独善自身的地步(徐雁,2003)。"耕读传家"不但受农家子弟欢迎,统治者也相信"耕读传家"既可以推动农业生产又可以加强教化,有利于国家稳定。随着时代变迁,宗族制度逐步瓦解,但"耕读传家"的优良传统流传至今,对今天的塔山童氏有着不可忽视的影响。

2.2 名人贤士

2.2.1 始迁族祖童潢与童氏定居

据《宁海塔山童氏谱志》记载:童潢,字天水,号颛孙(1202—1274),系塔山童氏始迁族祖,如图 2.6 所示。童潢出生于台州黄岩丹崖上岙一个诗礼官宦的家庭,从小受到良好的教育。十二岁时,他考中了秀才。南宋宝庆三年(1227 年),童潢因德才兼备被地方官员推举为德行科明经(贡生),并授迪功郎 [《宋史·职官志》记载,文职共分 40 阶,迪功郎为第 37 阶]。南宋晚期的官场十分腐败,童潢无法施展自己的才华,于是不再眷恋官场,游走于山水间。

图 2.6 童潢像

南宋绍定六年(1233 年),童潢从黄岩委羽山出发游访四明山,原意寻访葛洪(字稚川,自号抱朴子,东晋时期道士、医学家)遗迹。童潢到了此地,发现塔山立东面、鹿山卧西面,两山之间是一片空阔平坦的土地,南有白溪、北有梁皇溪交汇于此,认为此处是天赐宜栖之地,卜卦显大吉。于是他称赞道:"塔山鹿山,平衍两矗,二水环流,势若天马行云,铁狮绕地,灵秀蜿蜒,可为子孙久远计。"

这年春天,童潢和家人来到大杏树下筑庐定居。此地有座慧民寺,由于童潢及家人住在寺院前面,又因为姓童,于是就称为"寺前童",后来简称"前童"。童潢"为人霁颜渊度,周急扶颠,衷肠最热"。朋友曾劝他"以有尽之物供无穷之需,虽河海亦涸"。童潢说:"天地生物之道,有数存焉,不以俭而加丰,不以侈而加歉,命固在也。渊明所谓欲厚子孙者,不以累子孙,余俟命而已。"由此可见,塔山童氏的"仗义疏财"传统美德是从祖先身上沿袭下来的。如今,前童古镇已成为世界上童姓最多的聚居地。

2.2.2　名士童伯礼与大儒方孝孺

童伯礼名思立，字伯礼（1337—1395），乃童氏第七世祖，是塔山童氏大房派始祖，如图 2.7 所示。童伯礼是童罗氏的长子，清嘉庆《宁海县志》记载他"性孝友、悦读书、乐施和"。他曾建堂为他的母亲"谨节"，族人因他博学多识，品行端正，都以"谨节"相称，于是"谨节"便成了他的名号。

方孝孺（1357—1402），字希直，又字希古，号逊志，曾以"逊志"名其书斋，因其故里旧属缑城里，故称"缑城先生"，是明朝大儒，如图 2.8 所示。他师从明朝"开国文臣第一人"的翰林学士宋濂先生，并深得其真传。宋濂曾评价他"晚得天台方生希直，其为人也凝重，而不迁于物，颖锐有以烛诸理。间发为文，如水涌而山出。喧啾百鸟中，见此孤凤凰，云胡不喜！"宋濂将他比作"孤凤"，将其他弟子比作百鸟，以此来赞誉其出类拔萃的成就。明朝政治家姚广孝曾嘱咐朱棣"南有方孝孺者，素有学行，武成之日，必不降附，请勿杀之，杀之则天下读书种子绝矣"。

图 2.7　童伯礼像

图 2.8　方孝孺像

名士童伯礼与大儒方孝孺的结识始于石镜精舍，童伯礼两度邀请方孝孺来此讲学。"聚六经群书数百千卷，俾子侄讲习其中，求治心修身之道，以保其家，以事其先而不怠。"在此讲学期间，方孝孺参与了前童大祠堂的设计、宗谱的纂修、族规和祭祀制度的制定，从而奠定了塔山童氏宗族组织及道德建设。塔山童氏的祖训就是童伯礼当年的遗训，现被刻于前童大祠堂正殿内的石碑上，教育后代子孙要耕读传家。

童伯礼、方孝孺亦师亦友，感情融洽。方孝孺在京城居住期间，常给童伯礼写信，要推荐伯礼为孝廉（明朝时期对举人的雅称）。童伯礼以母亲年事已高需要服侍为理由婉言拒绝。后来童伯礼因受"方氏（方国珍）兵梢案"的牵连，被充军高邮去戍守，于洪武二十八年（1395 年）逝世。方孝孺为伯礼写祭文吊唁，含泪悲问"孰如吾子"，搥胸哭曰："云胡不留，永闭九泉。荒荒我里，士习日陋。谁能易之，力不能救。"

第 2 章
人文环境对古镇空间格局演变的影响

2.2.3 水利功臣童濠与前童行会

塔山童氏历经十余代繁衍,人口众多,经济繁荣。虽然拥有农田 3000 余硕,但是农田主要位于白溪和梁皇溪之间,农田瘠薄,水利条件较差,粮食的收成常常取决于天时。明正德三年(1508年),当地发生罕见的大旱,后又遭受地震,加上官府催粮饷,民不聊生,饿死病死者不计其数。童氏族长召集各房派开会,商议全族逃离此地。为了摆脱"靠天吃饭"的困境,童氏第十二世祖童继乐(1462—1520,字濠)力排众议,提出开碶引流入村,以确保来年的收成。明正德四年(1509年),童濠溯溪而上,一路观察水流情况,看到白溪清澈的水源川流不息,决心在溪水上游开碶引水灌溉农田。他率领童氏族人及附近村民,在杨柳洪溪潭下面开渠凿碶。因碶口需要经过邻村农田而受到阻挠,童濠三番五次提出高价收买,但田主就是不肯通融,甚至扬言不怕与童濠打官司。童濠无计可施就向南岙村的娘舅讨教,并按计将三只表面铺满银子的稻桶放在鹿山顶,其实桶里都是杂物。田主见鹿山顶的稻桶装满闪闪发亮的白银,于是便气馁认输。童濠用"鹿山堆桶金"之计,使得田主相让,自此清澈的白溪水汩汩而来,流入百渠千沟,3000 余硕贫瘠的土地终变成了良田。溪水流经家家户户的门前屋后,极大地方便了村民的生产和生活。获得丰收的塔山童氏子孙将水利功臣童濠称为"濠公"或"濠老爷",并衍生出独特的纪念方式——前童行会。

童濠不仅是古代著名的治水专家,还是一位品德高尚的仁人志士。在他死后,塔山童氏子孙感其恩,建庙像,供奉膜拜,崇尚仰慕。每年元宵行会活动,抬濠公像行游田头,察看水利。慕名前来看灯会、闹元宵的民众越来越多,至此前童行会活动一年比一年热闹,如图 2.9 所示。2014 年前童行会入选国家非物质文化遗产保护名录,对前童古镇的发展起到了不可估量的作用。

图 2.9 前童行会

2.2.4 "浙江蔡锷"童保暄与护国运动

童保暄(1887—1919),又名华垠,字伯吹,民国浙江陆军第一师师长,后追授陆军上将衔,人称"浙江蔡锷",如图 2.10 所示。童保暄七岁入前童私塾读书,十六岁入拱台书院读书。1906年（光绪三十二年），他考入浙江讲武堂学习，开始了军戎生涯。1907年，他考入保定陆军速成学堂。入学途中，经革命党人吕公望介绍，在上海女报社秋瑾处参加光复会，喊出了"推翻满清，铲除帝制，建立共和"的口号。同年年底毕业，授军校副总办；次年年初，入天津陆军警察学堂。1910年毕业后，他被派往浙江，任杭州宪兵营执事官等职。1911年11月4日，童保暄临危受命，担任浙江起义军临时总指挥，指挥起义军攻下巡抚衙门和将军府，宣告杭州光复。第二天，他以大局为重，辞掉了都督的职务，担任军政参谋。此后，童保暄先后在乌龙山、幕府山、马群等地指挥战斗，回杭州后任二十四团团长，兼六师参谋长、讲武学堂堂长等。1914年，童保暄任第十二旅旅长兼陆军补习所所长。"护国运动"中，童保暄与夏超（时任浙江警察厅厅长，陆军少将）一起发动兵变，赶走浙江都督朱瑞。继任的浙江都督仍暗自拥护袁世凯复辟帝制，童保暄联合夏超迫其辞职，推吕公望任浙江都督兼省长，自任浙江护国军第一师师长。1919年，童保暄病故。1923年6月，后人在杭州宝石山下建童公祠以表纪念，章太炎为之撰《童师长祠堂记》，称童保暄"拒袁帝制，走其幸将，功亦第一"，如图2.11所示。

图2.10 童保暄像　　　　　　　　图2.11 《童师长祠堂记》

2.3 民俗文化

民俗文化是人类社会发展到一定阶段后形成的文化现象。如今，人们对民俗文化有了更深刻的理解，它所具有的独特价值越来越凸显出来。不少优秀民俗文化脱颖而出，成为新时代旅游市场的新宠，民俗文化资源以更好的生存状态继续传承，并推动当地民俗文化资源良性发展。

2.3.1 特色鲜明的乡土文化

乡土文化是从宗亲关系中长期聚族而居的乡村格局中发展起来的文化形态，肩负着继承和传播中华传统文化的使命，同时也延续着宗亲关系、伦理文化、宗教信仰和传统习俗等发展脉络。它是人们在生产和生活过程中表现出来的道德品质与行为习惯，以及由此衍生出来的民风民俗。乡土文化以其特有的地域性和民族性，成为维系乡村社会稳定与和谐的根基。

乡土文化对生产方式、生活习惯、建筑形态、历史人文、意识形态等方面产生影响，可以分为"物质文化"和"非物质文化"。聚落环境、建筑形态、农耕设备等属于物质文化，民俗文化、民间手工艺、地方语言、宗教信仰等属于非物质文化。传统村落就是这些珍贵的乡土文化得以传承和保护的重要载体之一。乡土文化承载着当地民众的历史记忆和精神寄托，保留了原生性、地域性，也体现了时代变迁中人们对于生活质量和精神追求的变化。

从宁海县的地理环境来看，桑洲、岔路、前童等乡镇深受台州地区文化的影响，西店、梅林、桥头胡等乡镇和街道受宁波地区文化的影响较多。台州人的性格既有山之硬气又有海之豪迈，喜欢用"石骨铁硬"来形容一个人的"硬气"，方孝孺、柔石充分展现了这种"台州式的硬气"。宁波人以豪爽大气、刚正不阿、敢为人先、敢于担当的优秀品质受到了人们的赞誉。正是台州、宁波两地文化的交融，使宁海人民既有"台州式的硬气"，又有"宁波人的开放"，受此影响形成了独特的民俗文化。古时，前童古镇受地理位置和交通条件的限制，农耕民俗文化比较发达，如庙会、行会、舞龙舞狮及石雕、木雕、竹编五匠文化。这些极具地方特色的民俗文化在这里得到保护和传承，与明清古建筑群、幽深的街巷相映成趣。

2.3.2 以"匠人精神"为核心的五匠文化

"匠"在《现代汉语词典》释义：一是指各种工匠，如铁匠、铜匠、木匠、瓦匠、石匠等；二是指在某方面很有造诣的人，如宗匠、文学巨匠等。而对"匠人"的解释是"旧时称手艺工人"。古代工匠普遍实行师徒制世代传承，以父子、兄弟、亲眷之间的相互传习为主。在这一过程中，形成了一种特定的传承关系，既有血缘亲情，又有家族文化特征。

1. 五匠之乡

前童古镇是著名的"五匠之乡"，在历史上曾经出现过数量庞大、亦工亦农的工匠群体。据族谱记载，前童工匠到外地营生的数量较多，主要集中在上海、武汉、南京、香港等地。他们不仅为当地的社会经济发展作出了积极的贡献，还积累和创造了很多精湛独特的技艺。

"五匠"泛指各行各业的手工匠人，如铜匠、木匠、泥水匠、石匠、油漆匠、裁缝匠等。在元、明至清前期，当地的各类工匠数量并不多。至清晚期，随着人口增多，人多地少的矛盾日益突出，单靠传统的农耕已不能解决温饱问题。于是，前童古镇各行各业的工匠逐渐发展起来，并形成了一定的规模，他们精湛的技艺逐渐为世人所熟知。其中，最为出名的就是木匠和石匠。正是由于工匠多、技艺高、口碑好，前童古镇就有了"五匠之乡"的美誉。据《宁海塔山童氏谱志》记载：百余年前，前童有三百余位裁缝匠靠剪刀、熨斗、卷尺闯天下。他们在上海、宁波、台州、武汉等地开设了作坊，被称为"三百把剪刀闯天下"。

在前童古镇众多的民俗工艺中，以木雕、石雕最为突出，表现内容和表现形式变化多端，或秀美山川，或花鸟鱼虫，或飞禽走兽，或人物形象，无不体现了工匠们的高超技艺和对艺术的追求。木雕作品线条流畅、构图饱满，具有强烈的视觉冲击力和感染力。小桥流水宅、群峰簪笏、前童大祠堂的外墙上装饰着数个形式和纹样不同的粉色石花窗，如图 2.12 所示。明经堂、上堂屋、职思其居、好义堂（图 2.13）等宅院的斗拱、雀替、柱饰、挂落、门窗等均为精美绝伦的木雕作品。故宫博物院的藏品中有两件出自前童工匠的木雕作品。解放后童先云、王保德等前童工匠用不动大梁的办法修复了宁波保国寺，以高超的技艺闻名中外。

图 2.12　粉色石花窗

图 2.13　好义堂木雕

近年来，当地政府紧紧抓住全域旅游和国家 AAAAA 级旅游景区创建的契机，深入挖掘"五匠文化"，坚持以文化为魂、以产业为体、以旅游为需，打造独具特色的"匠"文化旅游小镇；同时出台了《前童镇振兴发展规划》，推出"五匠文化""元宵行会""豆腐文化"等特色旅游主题，实现以"文"为媒，以"旅"引客；不断完善业态布局，举办元宵文化节、豆腐节（图 2.14）等特色节庆活动，推出前童三宝、木雕龙舟、竹编工艺品等地方特色旅游商品，打造"乡愁、乡情、乡思"品牌。

第 2 章
人文环境对古镇空间格局演变的影响

图 2.14　豆腐节

2. 匠人精神

匠人精神强调匠人对社会创造的责任感与使命感，匠人精神与中国人的传统审美有着密切的联系，反映出中国人对美好生活的不懈追求和对美好人生的向往。匠人包含对匠心的理解与诠释，匠心是一种工作态度，更是一种人生观与价值观（普书贞，崔迎春，2020）。匠心表达了对生活的热爱和追求，也是对生命的敬畏与尊重，它以精湛的技艺为基础，以臻于至善为追求。"技可进乎道，艺可通乎神"是对匠人精神的高度概括和总结，代表着对社会的责任，更是对自我的坚守和超越。匠人精神在宁海竹编、木雕龙舟、泥金彩漆等非遗传承人身上得到了充分的体现和印证，彰显出匠人精神在当地文化建设中所发挥的重要作用。宁海县政府坚持把加强非遗资源保护、挖掘、整理工作放在更加突出的位置来抓，给予传统手工行业大力支持，使其在传承发展中焕发新活力，创造出更大的价值。同时，通过政策扶持和项目引导，将传统手工艺更好地融入现代产业体系之中，实现手工艺的创造性转化和创新性发展。

极具匠心的传统手工艺人，对中华优秀传统文化的丰富内涵和当代社会价值进行再发掘，酣畅淋漓地表现出东方特有的器物之美、人性之美，充分彰显了"耐得住寂寞，守得住初心"的匠人精神。匠人传递匠心，匠心塑造匠人。匠人技艺与精神的传承不仅仅依靠师傅与徒弟之间的传习，更重要的是工匠们不断进行实践、探索与创新，才使得匠人精神得以代代传承。在全球化背景之下，中国工匠不断突破，赋予匠人精神新的内涵和意义。由"中国制造"向"中国智造"转变是必然的趋势，更是推动中国经济发展方式转变、实现精益求精的重要途径。中国工匠体现出来的不断突破、锐意进取、精明强干的精神，对于中国未来的发展具有十分重要的意义。

2.3.3　国家级非遗项目——前童元宵行会

　　自宁海设县，至今已有1700多年的历史。宁海人民辛勤劳作，不仅建设了富饶美丽的家园，还形成了具有浓郁地方特色的乡土文化和民俗风情，反映出当时的社会经济生活、风俗习惯以及宗教信仰。在宁海，几乎每个月都有节庆活动，如正月十四元宵夜、四月初八乌饭麻糍和八月十六中秋节，其中最具代表性的节日就是元宵节。明崇祯与清康熙年间的《宁海县志》记载："岁令，元宵节庙张灯十三日至二十日乃熄。"可见在清康熙以前，元宵节是指一段时间，而不是指具体的某一日。清光绪年间的《宁海县志》记载："元宵燔桑柴谓之炟址界，市庙里社结彩张灯演剧敬神至二十日乃止。正月十五谓元宵，城中演剧十四起，乡间十三起。"可见当地在清中后期才确定正月十四夜为元宵节。宁海民间在农历正月十三至十五期间，要过一个非常热闹的节日——"闹元宵"，俗称"十四夜"。"十四夜"家家户户燃放鞭炮、门前挂灯笼，观灯看戏是人们最主要的文化娱乐活动。

　　前童元宵行会是前童古镇庆祝元宵的民俗活动，在传承和发展过程中形成了自己独特的风格，很受当地百姓喜爱。前童元宵行会是为了庆祝杨柳洪砩的建成而举行的流动灯会，它承载了对祖业的敬畏、对生活的憧憬与歌颂。每年正月十四前后，各家各户都要聚集于古镇，鸣铜锣、抬鼓亭、放铳花，祈求风调雨顺、五谷丰登。至清朝，行会活动达到高峰，成为展示塔山童氏民俗文化的重要活动。

　　据《宁海塔山童氏谱志》记载，童氏第十二世祖童濠带领村民引水入村建成"八卦水系"，自此家家户户有活水，形成了小桥流水人家的古镇风貌。由于引水渠有10千米长，水流通过时速度不快，渠道容易堵塞，因此经常要对水渠进行疏通清理。童濠为了确保杨柳洪砩的畅通，建立了一套完备的规章制度："以田三百石为一结，统编族丁为十结，每结值砩一岁。于仲春将有事西畴，备肴馔，招十结人于砩畔，醴酒祭砩。结，群坐而享。乃持竿界砩为十段，拈阄分疏，难易故无所择也。其砩口上有湮塞，则合力公疏，或一日、二日、三四日，值结者待之以茶而已，是曰'开砩'。至夏间，则复视水大小浅深而再浚之。"明正德五年（1510年）元宵节，为庆祝杨柳洪砩工程竣工，塔山童氏举行了第一次行会。塔山童氏以"结"为单位，通过扎纸灯迎神、燃放自制铳花、舞龙舞狮、用花轿抬着"濠老爷"等方式庆祝建砩及其获得的收成，表达对童濠的缅怀、敬畏和感恩之情。

　　前童元宵行会在不断发展过程中，形成了特有的组织形式和管理方式。童氏18个房派设立民俗总支办，每房派推选一位房长主持元宵行会活动，并要求塔山童氏的子孙必须参加行会活动，进而体现了家族强大的凝聚力。正月初十举行坐堂会、催丁票、吼铜龙、祭社神等仪式和活动。正月十三，各房派的负责人挨家挨户上门通知，并张贴催丁票，如图2.15所示。正月十四、十五，鸣铜锣、放铳花、打龙灯、舞狮子，男丁们抬着各房派的鼓亭沿着前童古镇的大街小巷行进，熙熙攘攘的人群跟随着游行队伍，一路欢声笑语，如图2.16所示。鼓亭是整个游行队伍最重要的部分，鼓亭和乐队之间是各房派成员的队伍。鼓亭后面跟随的人数最多，表示这个房派具有很强的凝聚力，显示出这个房派人丁兴旺，来年福运绵长。通过前童元宵行会，让村民感受到家族血脉的延续、宗族文化的传承，营造出"共享"的节日仪式氛围，从而唤醒并增强了家庭的归属感、认同感与自豪感，奠定了乡土文化重构路径。

图2.15　催丁票

每年前童元宵行会活动有条不紊、热闹非凡，给宁海的传统节日增添了浓厚的色彩。前童元宵行会代代相传，并逐步发展成为以鼓亭、抬阁、秋千为特色的活动，尤其是制作精美的鼓亭、抬阁、秋千更加引人注目，因此前童古镇有了"鼓亭之乡"的美誉。目前，鼓亭、抬阁和秋千共有23杠，代表着塔山童氏18个房派。前童元宵行会对鼓

图2.16　前童元宵行会

亭的队伍安排及行进顺序有明确规定，前屋派的"公忠亭"排第一杠，其他鼓亭按抽签顺序确定。

20世纪60年代，由于历史原因，前童元宵行会活动停止举办。1995年，前童古镇举办了建村760年的庆祝活动，并恢复前童元宵行会。此后每年元宵节都会举行前童元宵行会，并成为塔山童氏缅怀祖先功德，庆祝生活幸福安康的节庆活动。前童元宵行会活动场面宏大、气氛热烈、秩序井然，在文化地理学、人类学、历史学、民俗学、艺术学等方面都有很高的研究价值。近年来，随着前童古镇的发展，元宵行会活动盛况空前，吸引了江浙地区游客慕名前来"闹元宵"。随着前童元宵行会影响力的不断扩大，媒体报道数量不断上升。元宵佳节期间，中央电视台的《新闻联播》和《新闻30分》等栏目都对前童元宵行会的盛况进行了直播。中新网及《文化交流》《浙江日报》《浙江电视台》《浙江交通之声》《旅游时报》等多家媒体以通讯、专题等形式相继报道了这一民俗活动的盛况，如图2.17所示。前童元宵行会还完成了中央电视台的《记住乡愁》《春节》《秘境之旅》等节目的录制。2014年7月16日，前童元宵行会入选第四批国家级非物质文化遗产代表性项目名录，进一步扩大了宁海县和前童古镇的影响力。

图 2.17　媒体报道的前童元宵行会

2.3.4　独特而又古老的行会道具

前童元宵行会刚形成的时候，采用纸扎的灯笼作为行会道具，虽然造价低廉但容易破损，后来选用木头制作行会道具，并在上面装饰大量精美的构件，这就是鼓亭的由来。一杠杠造型独特、制作精美的鼓亭、抬阁和秋千等行会道具不仅体现了塔山童氏对形式美的追求，更是一种美好的精神寄托。

1. 鼓亭

前童古镇的鼓亭共有19杠，不同房派的鼓亭高度、层数和规格都不同，但个个造型独特，别致美观，如图2.18所示。鼓亭是指放置牛皮鼓的木架子，由上部亭阁和下部底座组成，属于边敲边行进的演出道具。演出时，击鼓者站在牛皮鼓后击鼓，行会队伍随着节拍缓慢前进。鼓亭高5～9米，逐层向上收缩至顶部，犹如一座座宝塔。根据鼓亭规格和形式的不同，主要分为三、五、七、九层等。鼓亭通体装饰着精美的木雕花板，有龙凤纹、麻姑献寿、三国人物、福禄寿和各类动植物纹样。木雕花板采用朱金漆木雕工艺制作而成，色彩艳丽、造型优美、构图精巧、寓意吉祥美好，具有浓郁的乡土气息。鼓亭装饰着很多彩灯、彩旗和灯笼，在夜晚灯光照耀下显得格外漂亮。鼓亭平面分为四边形、六边形和八边形，让人能从不同的角度欣赏到鼓亭的美。鼓亭下部底座通常呈船形，看起来比较宽大，内置一枚大鼓，有些鼓亭加设表演者的座位，底座的背面敞开便于表演。底座两侧是装饰的重点，往往花重金打造，主要有麒麟、龙纹、八仙过海、狮子绣球等装饰题材，非常精美。由于鼓亭又高又大，而且比一般的花轿重很多，因此往往需要四至八位青年男子一起抬。现在为了行进方便，底座加设了手推车似的轮子，抬鼓亭者只要合力拉或推着扶手即可行进。

每杠鼓亭代表一个房派，它的造型、色彩、装饰纹样和精美程度等体现了该房派的历史功绩及经济实力。它以"鼓"作为主要象征符号来表达情感，同时又通过"亭"这个建筑元素传达着行会活动的隆重。鼓亭的造型、细节及名称，往往取材于著名的典故、家族或房派的名人和历史事件，"忠孝礼义"和"耕读传家"等儒家思想在鼓亭中表现得淋漓尽致。

公忠亭高约 8.5 米，属于四边形平面，上面的四层亭阁逐层缩小，呈宝塔状，下层底座采用浅浮雕花板围合成花轿状，如图 2.19 所示。下层底座木雕花板装饰着狮子滚绣球、凤凰展翅和各类花卉。上面的四层亭阁采用栏杆、彩绘屏风和屋顶围合而成，通体采用朱金木雕漆工艺装饰，层层叠叠，十分精致绚丽。顶层亭阁似重檐歇山顶建筑，二层的彩绘屏风写有"公忠"二字。一层亭阁四个角柱上各盘旋着一条张扬霸气的金龙，正面两侧写着"万家灯火欢盛世，满街歌声颂华年"的对联，居中的彩绘屏风上绘制着童应斗押饷的经典故事，如图 2.20 所示。一至三层都有彩绘屏风，装饰着喜鹊登梅、松鹤同春、庆元宵等吉祥图案。每层屋顶的檐角处有四条造型生动逼真的金龙，如图 2.21 所示。鼓亭最上层有两条口衔日月的锦鲤，

图 2.18　鼓亭

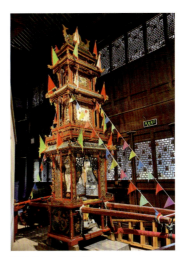

图 2.19　公忠亭

图 2.20　彩绘屏风

图 2.21　鼓亭细部

意为"日月同辉"。整座鼓亭雕刻精美、金碧辉煌、气势恢宏，有着极高的艺术价值。

公忠亭是为了缅怀前屋派祖先童应斗的历史功绩而打造的鼓亭，也是塔山童氏最为自豪的一座鼓亭。相传公元1621年，后金攻陷辽沈一带，当时担任北京上侍卫府军前卫经历司的童应斗毅然应命，领军需十万至辽宁救急。当他押饷赶到目的地的时候，此地的营垒早已失守。同行的差官劝童应斗趁此机会私自分饷，被严词拒绝，并将军饷押解回京如数交还朝廷。明熹宗朱由校御笔亲题"公忠"二字予以表彰童应斗的功绩。塔山童氏共有10道朝廷旌表的圣旨（其中明朝圣旨4道、清朝圣旨6道），另有民国嘉奖令1条。前屋派就占了6道，因此前屋派在塔山童氏享有最高的荣誉和地位，公忠亭自然列在行会游行队伍的第一杠。

继乐亭是为了纪念童濠率领族众在杨柳洪溪潭下开渠凿凿碣、引水入村的功绩而打造的鼓亭，并以童濠的字号命名。继乐亭高约8.2米，属于四边形平面，上有七层亭阁，逐层收缩，呈宝塔状，底座似两端略微翘起的古船，如图2.22所示。底座两侧的木雕花板用深浮雕工艺装饰着双龙戏珠图案，正面用浅浮雕工艺装饰着狮子滚绣球和各种动植物纹样，尤为特别的是在底座四角用霸气的狮头装饰。鼓亭通体采用朱金木雕漆工艺装饰。上部沿着屋檐四角挂满大大小小的红灯笼，船头立着天官赐福的人物雕像，底座正面的雕花板雕刻着福禄寿，二层亭阁里装饰着八仙过海的人物雕像。无论采用圆雕、深浮雕还是浅浮雕工艺，人物都是惟妙惟肖，如图2.23所示。支撑第一层亭阁的木柱上金龙缠绕，亭阁突出台面。第二层、第三层用凤作为主题装饰物，"凤凰展翅"寓意祥瑞。飞檐翘角也以栩栩如生的龙头装饰，顶部四条倒挂金龙嬉戏一颗明珠。整个鼓亭结构严谨合理，造型优美典雅，人物、动物形象逼真生动，雕刻手法细腻精巧。

图2.22　继乐亭

图2.23　天官赐福、八仙过海

第 2 章
人文环境对古镇空间格局演变的影响

其他 17 杠鼓亭各有特色，也有各自的历史文化和典故。从这些鼓亭中，我们可以看到中国传统建筑与民间习俗之间的密切联系。其余有特色的鼓亭有花轿派花轿亭（图 2.24）、后屋派魁元亭（图 2.25）、上堂屋派尺木亭（图 2.26）、祠堂后派忠义亭（图 2.27）、前楼派前楼亭、

图 2.24　花轿亭

图 2.25　魁元亭

图 2.26　尺木亭

图 2.27　忠义亭

清光绪年间制作的隔祥里派德操亭、隔祥里派喧天亭、清嘉庆年内制作的上堂屋派追远亭、柏树下派（为纪念童保喧）将军亭、栅下派积庆亭和下叶祠堂号命名的著存亭等，它们个个精雕细琢、令人叫绝（图2.28～图2.29）。

图 2.28　鼓亭及装饰细部

图 2.29 精美木雕

2. 抬阁

抬阁是前童元宵行会演出的另一种形式,在地方风俗的影响之下,形成了独具特色的民间表演艺术。它以抬阁为主线进行情节发展,通过人物的性格塑造,展现故事情节。

前童有二扛抬阁,即悌八派的"爱日阁"与书院派的"书院阁"。抬阁高约 3 米、宽约 1.5 米,基座呈船状,两侧各有一个轮子,行进时一般需要六位以上成年男人推动前行。抬阁外部装饰成亭台楼阁,通体都是花鸟虫草、山川河流等图案,造型优美,色彩绚丽。最让观众喜爱的当属在抬阁上表演的儿童,四个或四个以上的儿童装扮成古代戏曲人物,诸如《打金枝》里的公主与驸马、《穆柯寨》里的穆桂英与杨宗保、《三国演义》里的刘备与孙尚香等。抬阁上的儿童或凤冠霞披,或金盔铁甲,或站或坐,随着行会游行队伍的行进尽情表演,增添了游行的乐趣和视觉效果。

爱日阁属于塔山童氏敦一、孝二、悌八房派，命名起源于爱日堂，如图2.30所示。《宁海塔山童氏谱志》记载："爱日堂，在永言祠前，祀悌八铜钱派祖镜石公。洪若海有记，并有木梆铭其序曰：爱日书院，楹悬木梆，晨夜戛击，以节起居……厥象维鱼，厥声维角；骤之驰之，心惊胆愕；可以订愚顽，可以起荒落；可以追周孔，而力坟索……枕木圆而自惊，股未刺而早作；庶几业成而百世兴起，言立而胸襟开拓。"楹悬木梆与悬梁刺股的作用一样，主要起警示作用，让学子不能因为贪图舒适而荒废学业。爱日阁相比其他鼓亭尺度显得较小，因此也更加方便行进。鼓亭正面支撑的两根木柱上缠绕着金龙，柱顶上部加设铜钱纹装饰的斗。抬阁下部可坐三位儿童，上面站立两位儿童，儿童后面有一块狮子抢绣球的木雕构件，三头狮子个个怒目圆睁，露着白色的獠牙，展现了它们的威武和凶猛。行会活动时，抬阁和鼓亭一动一静互相呼应，成为游行队伍的一大亮点。

书院阁属于书院派，由书院派后裔制作完成。书院阁尺度相对较小，前面两条金龙缠绕着柱子盘旋而上，柱顶设斗，如图2.31所示。书院阁最高处是一块尺度较大的木雕构件，以金色为主，装饰着狮子抢绣球的图案。书院阁正面挂着数串红色灯笼，阁内可以坐三位古装戏曲人物的儿童。据《宁海塔山童氏谱志》记载，书院阁是为了纪念童伯礼创办石镜精舍的事迹而打造的。

图2.30 爱日阁

图2.31 书院阁

3. 秋千

前童古镇有两架秋千，即"永言亭"和"一门亭"，它们与普通秋千在形式上有很大差异。前童的秋千形状与风车或纺车相似，所以又叫风车秋千或纺车秋千，如图2.32所示。秋千底座与其他鼓亭相似,呈花船状。秋千上部有一根立轴架设,中间设有四个横向木档,每个木档两头拴短绳,绳的另一头系着一块短木板,就像四个小秋千。当元宵行会队伍行进时,每个小秋千上坐着一位化妆成传统戏曲人物的儿童。他们的脚触碰到秋千底座时,轻轻蹬一下,秋千便会转动起来。戏曲人物装扮的儿童们随着锣鼓声和行进队伍上下翻滚,很是可爱和热闹,吸引了众多游客的目光。

以前,鼓亭、抬阁和秋千通常需要四到八个身强力壮的男子一起抬,并由五十至八十个人负责接力运转;现今都在行会道具底部安装了车轮,方便行进。参与抬阁、秋千活动的儿童须经本房派选拔,年龄、外貌与体重均应符合要求。父母以子女能上抬阁、秋千表演而自豪,因此都会积极争取。有时候如果儿童太多,就抓阄决定,被抽中者才能参与行会表演。

4. 濠公轿

濠公轿是元宵行会时"濠老爷"乘坐的花轿,高约 3 米,屋顶较为复杂,有三层。濠公轿最顶上有一颗硕大的红色宝珠,显示了濠公轿的重要性。轿子每层屋顶的飞檐处装饰着金龙,轿子四周的立柱也各盘旋着一条金龙,使轿厢显得更加雄伟、庄重而富有气势。濠公轿四周呈敞开式,待行会活动时,濠公像会放于轿中,确保人们可以从各个方向瞻仰濠公像,如图 2.33 所示。濠公轿底部木雕花板用浅浮雕工艺制作,装饰着"和合二仙""麻姑献寿"等吉祥图案。濠公轿也是采用朱金漆木雕工艺,黄澄澄的金箔因朱金漆的映衬,显得富丽堂皇、金光灿灿。在塔山童氏心中,童濠的地位无人可比,因此只有塔山童氏子

图 2.32 秋千

图 2.33 濠公轿

孙才可以抬濠公轿。抬轿的人必须通过严格的挑选和训练，有熟练抬扛技术且年轻力壮的男子才能挑起这个重担。他们认为给"濠老爷"抬轿子，既是自己和房派的荣耀，也能得到"濠老爷"的护佑。

5."世界第一大鼓亭馆"

1997年，宁波市文化局将前童古镇命名为"鼓亭之乡"。2006年，前童抬阁被列为宁波市非物质文化遗产代表性项目。2009年，前童元宵行会被列为浙江省非物质文化代表性项目。2014年，前童元宵行会被列入国家级非物质文化遗产保护名录。这一系列荣誉不仅是对前童元宵行会的肯定，更是对前童古镇保护与发展的鞭策。但是每年行会活动结束后，鼓亭就由各个房派负责保管，游客无法见到鼓亭。

当地政府为了更好地传承和发扬前童元宵行会这一独特的传统民俗文化活动，保护和展现精美绝伦的鼓亭、抬阁和秋千，同时为了让更多的人能了解这项民俗活动，于2010年新建了前童鼓亭馆，如图2.34所示。前童鼓亭馆用地面积5819平方米，建筑面积1500平方米，收藏鼓亭、抬阁和秋千共23杠，是全国唯一以鼓亭抬阁为主题的博物馆，并创造了"世界第一大鼓亭馆"的世界纪录。当地政府通过对当地历史文化资源的深入挖掘研究，将前童鼓亭馆打造成集文物展示、旅游开发、经济发展于一体的综合文化场所，并成为游客必到的打卡地，如图2.35、图2.36所示。

图2.34　前童鼓亭馆

第 2 章
人文环境对古镇空间格局演变的影响

图 2.35　前童鼓亭馆内院

图 2.36　前童鼓亭馆夜景

2.4 饮食文化

中华饮食文化源远流长，由于各地的地理、气候、生态、历史、风俗和文化等因素的差异，形成了各自独特的饮食文化。在旅游产业蓬勃发展的今天，要实现地方饮食文化资源的永续开发，就要注意挖掘饮食资源中蕴含的文化内涵。以饮食文化为媒介，弘扬传统文化，在饮食和文化之间达到互动有序发展。

2.4.1 特色美食——"前童三宝"

随着社会的进步和人们饮食习惯的改变，饮食文化也在不断地按照自身规律演变。前童豆制品以其独特的生产工艺，成为一种颇具特色风味的地方美食。清爽滑嫩的前童豆腐、喷香柔韧的前童香干、浓香酥脆的空心豆腐统称为"前童三宝"。前童三宝可油煎、蒸制或小炒，豆制品散发的清香穿梭流连于古镇的巷陌间，激发着人们的食欲与乡愁。

公元548年侯景之乱爆发，梁武帝被废黜，其孙萧詧逃到梁皇山隐居时，留下妃子在当地的尼姑庵修禅。妃子看到梁皇山山前种满了黄豆，附近的村民将黄豆炒熟后用于下酒和下饭，口味比较单一。于是，妃子将淮南王刘安研制的豆腐制作技术，以及数百年来御厨改进的制作工艺传授给前童的村民。从那以后，豆制品就成了附近村民最喜欢的食物。每逢农历新年前，家家户户拿出黄豆做成豆腐、香干等豆制品。这些豆制品不仅味道鲜美、营养丰富，还是人们餐桌上常见的美食佳品。

如今，随着前童古镇旅游业的发展，游客日益增多，这也使"前童三宝"走上了更多人的餐桌。为了弘扬传统饮食文化，当地政府依托古镇得天独厚的自然环境和丰富的旅游资源，推出了前童豆腐节，围绕"尝十味豆腐·品百味人生·感千年古镇"的主题，举办前童豆腐长桌宴（图2.37）。通过举办前童豆

图2.37 前童豆腐长桌宴

第 2 章
人文环境对古镇空间格局演变的影响

腐节,展示了前童古镇的文化底蕴和创新活力,让游客在古镇游玩之余,可以领略古镇风光,享受民俗风情,品尝地方美食。

2.4.2 特色小吃——徐霞客麦饼

在宁海特色传统美食中,麦饼有着举足轻重的地位。麦饼由小麦粉与水按一定比例和成面团并经发酵而成,将不同口味的馅料包入面团中,捻成薄薄的圆饼。农妇将薄薄的圆饼铺在平锅里,双手不停地将麦饼来回转动、翻面,不一会儿,麦香夹杂着微微焦香扑鼻而来,又因其味美可口而倍受人们喜爱,如图 2.38 所示。

宁海麦饼的起源可追溯到南宋初期,主要分布在前童、岔路、桑洲等乡镇,麦饼是当地人的主食之一。据史料记载,400 多年前的徐霞客从宁海出西门,行进 30 里,夜宿梁皇驿,用宁海麦饼做干粮。徐霞客对宁海麦饼交口称赞,觉得它不但能果腹,更是香气扑鼻、嚼劲十足。此后,宁海麦饼开发出了淡、咸、甜等不同口味,裹着芝麻、海苔、虾皮、鸡蛋、肉、豆腐等各种馅料。随着时代发展和生活水平提高,麦饼逐渐成为一种大众化美食。宁海当地的餐饮店和小吃摊经常以特色麦饼招揽顾客,广受欢迎。随着前童古镇旅游业的发展,当地政府为进一步做大做深地方美食文化,将宁海麦饼称为"徐霞客麦饼",以纪念徐霞客和宁海的故事。

图 2.38 徐霞客麦饼

第 3 章 极具儒家文化古韵的古镇格局

3.1 山环水抱、藏风得水的风水宝地

"风水"一词最早出现在东晋郭璞的《葬经》："夫土者气之体，有土斯有气，气者水之母，有气斯有水，经曰土形气行。物因以生，夫气行乎地中，发而生乎万物，其行也，因地之势，其聚也，因势之止。""古人聚之使不散，行之使有止，故谓之风水。"后来人们逐渐把对自然环境、地形地貌和建筑布局等因素综合考虑的理论运用于实际生活，从而形成了一种独特的理论形态，称为风水理论。"风水"也叫堪舆，东汉刘熙在《释名·释地》中认为"风水"就是地理形势。古人相信地理环境影响人的生存方式与居住环境，所以在村落选址、宅院建造时都注重风水。《宅经》中提到"宅以形势为骨体，以泉水为血脉，以土地为皮肉，以草木为毛发"，由此可见，风水理论所强调的村落选择最佳模式，就是山、水、人三者和谐统一。

风水理论影响了人对生活环境的取舍，无论是对古人的村落选址还是对现代人追求品质生活的居住方式，均起到十分重要的作用。地势、山脉、风向、水流等因素决定着村落布局和宅院位置。风水选址是人类为了顺应自然而对建筑进行规划与设计的过程，其目的就是使建筑的内部空间与外部环境相协调，从而达到保护自然环境的目的，体现出"天人合一"的哲学思想体系。以儒家思想为核心的"天人合一"哲学思想体系一直贯穿于中华传统文化之中，它所代表的意识形态、生活方式及崇尚自然、顺应自然等观念，对中国传统建筑营造和村落的形成产生了深刻的影响。

浙东地区的村镇和宅院选址也讲究风水，强调"天人合一"，注重建筑与自然的有机融合，充分体现了人与自然的相互依存、相互制约、相互促进的辩证关系。前童古镇、慈城古县城和石浦渔港古城均选择了背山面水的地理环境，营建了高度协调的人居环境。可见，古村镇选址布局与当地特定的地理环境有着密切的关系，并在很大程度上决定了村镇发展和村镇结构。

因地制宜地选择有利地形，利用天然地势创造良好的人居环境，可以提高人们的居住生活质量与聚落的生存发展能力。山、水、林、田的分布状况影响着村落布局及耕作半径，山体与水域之间的阻挡、走向则影响着村落的空间形态。《管氏地理指蒙》一书清楚地阐述了山和水之间的联系："水随山而行，山界水而止……水无山则气散而不附，山无水则气寒而不理。"可见，山水关系紧密相连、相辅相成，如图3.1所示。

前童古镇整体地势南高北低，三面环山，中间为空旷宽阔的平地，属于人们常说的"风水宝地"，如图3.2所示。南面有石镜山、状元峰等山脉，西北部为东西走向的梁皇

第 3 章
极具儒家文化古韵的古镇格局

山,南北山脉呈对峙之势,守护着这块广袤富庶的平原。梁皇山古称"桐柏山",海拔 768 米,山高坡陡,峰奇石怪,风光秀丽,景色迷人。《徐霞客游记·游天台山日记》中记载:"三十里,至梁隍山,闻此地菟夹道,月伤数十人,遂止宿。"梁隍山即梁皇山,徐霞客曾称赞梁皇山的景色"峰荣水映,木秀石奇"。

古镇内有两座小山,即塔山和鹿山,方孝孺根据两山景色分别称之为"鹿阜斜晖"和"塔峰晓日"。七世祖童伯礼提出保护塔山和鹿山,并留下了"塔山以给采樵,毋伤萌蘖。鹿山作镇,兹土毋得削掘,以损来龙"的遗训,历代塔山童氏后裔秉承祖训世代守护。伫立在塔山和鹿山顶,明清古建筑群随地势连绵起伏,古镇美景尽收眼底,如图 3.3 所示。

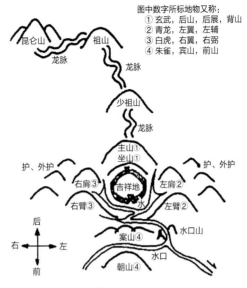

图 3.1 理想风水模式

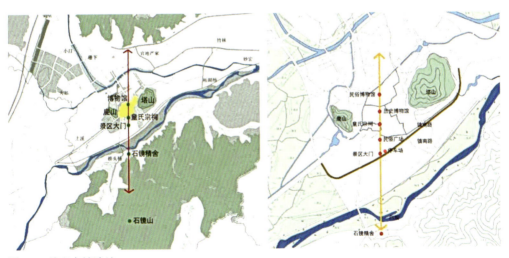

图 3.2 前童古镇选址

石镜山下流淌着一条宽阔的白溪,旧称白渚溪,它发源于天台县华顶山学堂岗北麓。白溪干流总长 64 千米,宁海县内总长 51.5 千米,是县域内干流最长、流域面积最大的水系。白溪从西南面的岔路镇流入前童镇,流经镇东南从竹林村出,经过黄坛镇、跃龙街道和越溪乡,最终到达三门湾和力洋港。白溪两岸山高谷深,峰峦叠翠,其状屈曲迁折,犹

41

传统聚落的空间特征解析与传承：
以前童古镇为例

图 3.3　前童古镇航拍

如"金带环抱"。与白溪相对应的是位于古镇北侧的梁皇溪，它发源于梁皇山东麓。梁皇溪全长 7 千米，流经梁皇、小汀、栅下、上葛头等村庄，在黄洋市桥头与下畈溪汇合后，向东经妙山与白溪合流至水车村、白峤港。前童古镇前有白溪，后有梁皇溪，形成了前童八景之一的"双溪钩月"。

前童古镇山环水抱、藏风得水的自然环境，与风水理论中所强调的村落选址理想格局"枕山、环水、面屏"不谋而合。"风"与"水"是护佑"气"的关键，所谓具有"气"的环境是指藏风得水的自然生态环境。前童古镇"围而不堵"的地理环境就是极佳的村落位置，北面的梁皇山支脉阻挡了冬季从西北来的冷空气，呈"背山"或"枕山"之势，而南侧白溪使村落处于"面水"之地，如图3.4所示。这独特的自然生态环境，使童潢不由得发出"塔山鹿山，平衍两矗，二水环流，势若天马云行，铁狮绕地，灵秀蜿蜒，可为子孙久远计"的感叹，并选定此地作为居住地，自此塔山童氏在此繁衍生息达八百余年。

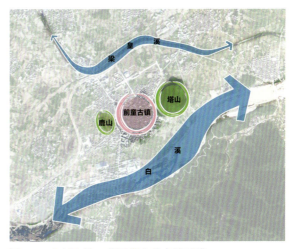

图 3.4 山环水抱、藏风得水的自然环境

方孝孺在前童古镇两度讲学期间，被当地的美景所折服，写下了许多诗词。《宁海塔山童氏谱志》详细记录了方孝孺写的《题塔山八景寿童处士》：

塔山高插天之东，阳乌飞起光曈昽。
幽人结楼在峰下，秀钟风景俱豪雄。
有时出钓双溪月，竹竿蓑笠情怡悦。
石镜寒潭作洗心，划然长啸天欲裂。
颐颜鹤发非服丹，峆岫霞彩常自餐。
或闻龙吟憩石泄，或听鹤唳游梁山。
孝女湖头莲万朵，欲吸清霞耽玩坐。
古柳寒烟学士桥，付与幽人频系马。
幽人幽人洵知机，抱道不关闲是非。
乘兴登楼傲衣绅，拍栏笑咏吟魂飞。
积善果应天所佑，春满楼头皆锦绣。
玉树芝兰绕膝前，诈跌卧地翻彩袖。
我今倚剑发豪歌，狂来酒渴思吞河。
唯愿幽人介眉寿，诗勋落落长不磨。

前童古镇所处位置的地貌属于沉积、冲积而成的山谷平原，土壤沙性成分较高，土质疏松。三面环山、双溪环绕的地形，加上沙性土质的地质特性，使聚水和泄水的速度都很快。但一旦遇到旱涝灾害，就会给塔山童氏及附近村民带来不可挽回的损失。因此，童濠曾组织村民兴建水利，引水入村，解决了农田的灌溉和村民的生活用水问题。童氏先祖根据风水理论对前童古镇进行整体空间布局设计，引入村内的溪水格局取材于八卦图，村内的建筑群代表八卦各爻。南大街、北大街、鹿山路设为古镇外围，石镜山路、花桥街、双桥街为内环，使整个村落形成了"回"字形布局结构。另外，还设置了若干小型广场用于祭祀活动和日常娱乐休闲。前童古镇在选址和村落布局时都遵循了顺应自然、因地制宜的原则，体现出朴素的思想理念，营造出古朴而宁静的古镇氛围。

3.2 聚落形态和空间分布

3.2.1 传统村落的含义

传统村落承载了民间传统文化，蕴含农业、农村和农民发展过程中的历史记忆和生活智慧。古城保护专家阮仪三教授在《历史城镇可持续发展机制和对策》中提到，"传统村落有深厚的历史文化积淀，包括物质文化、精神文化和制度文化等，是人类的历史见证和文明结晶"，因此对传统村落进行研究可更好地了解中国传统文化，并进一步挖掘其所蕴含的丰富内涵。伯纳德·鲁道夫斯基（Bernard Rudofsky）在《没有建筑师的建筑：简明非正统建筑导论》一书中把传统村落的乡土建筑描述为具有"乡土（vernacular）、无名（anonymous）、自生（spontaneous）、本土（indigenous）和农村（rural）"属性的建筑，并对乡土建筑的社会、文化价值进行探讨。

传统村落是我国农耕文明留下的宝贵遗产，具有浓厚的乡土气息。在中国城市化进程不断加快的背景下，传统村落正面临着人口数量逐步下降和结构老龄化等困境，这严重影响了传统村落的可持续发展。传统村落在部分地区呈消失趋势，如何保护并利用好这些宝贵遗产成为当前迫切需要解决的问题。

对于传统村落的保护，不仅要注重有形层面的保存，还要重视无形资源的保护。传统村落的空间形态由物质和非物质两部分组成：第一部分是空间的物质形态，包括村落的人工建成环境与空间结构两个方面，主要指物质文化遗产中的传统民居、宗祠、书院、街巷、牌坊和农耕器具等，它们共同构成了一个完整而又相对稳定的有机整体，这一系统内部各组成部分之间也存在相互关系，形成一定程度上的功能与结构联系，并通过不同层次的组合表现出来；第二部分是村落空间中蕴含的人文精神，被视为社会经济、意识观念、伦理道德、审美情趣、行为方式及社会心理向物质空间的投射，主要包括非物质文化遗产中的民间音乐、民间美术、戏剧曲艺、传统手工技艺、传统中医药等，以及其所蕴涵的文化内涵和精神意义，反映了村落特有的历史文脉和社会价值。传统村落是我国重要的物质文化遗产和非物质文化遗产的重要载体，具有民族性和地域性。

3.2.2 聚落空间及其层级分布

聚落是指在某一地域范围内，人类居住、生活和从事生产的场所。古人对居住环境、建筑形式和空间布局都有着独到的见解，从而形成了当地独具特色的聚落文化。《汉书·沟洫志》中记载："（黄河水）时至而去，则填淤肥美，民耕田之。或久无害，稍筑室宅，遂成聚落。"由此可见，室宅与聚落之间存在着密切关系，室宅既是聚落形成发展的基础，也是聚落最基本的物质空间。聚落空间是人类社会发展到一定阶段的产物，它是功能空间、社会空间、意识空间的复合体，体现了多层关系的结构叠加，构成要素众多且复杂多样，各要素之间相互关联、相互影响。在不同时期，由于生产力水平不同，人们对自然条件及生态环境有不同的认识，在此基础上形成的生产方式、生活观念和价值观念都会对聚落形态与空间结构产生影响。所以，对聚落空间的研究既能从总体上把握其内在规律，又能通过对这些特定要素之间内在联系的剖析，揭示聚落的时空演化机制。

乡村聚落是乡村人口聚居及生产生活的场所，是由人口和产业聚集而成的具有一定规模和特定职能的地域单元，它的形成、发展、演变受自然条件和乡村社会、经济、文化等要素的影响。空间肌理是几何形态在视觉上的表现，包括街巷、建筑群、景观空间等多种表现形式，其目的在于强调人与建筑之间的关系及建筑本身的文化内涵，从而营造一个和谐舒适的人居环境。空间肌理不仅再现了自然环境或者人工建造场所的外观形象，同时也反映了人的精神世界与心理需求。乡村聚落空间中存在丰富的空间肌理，如道路系统、水系结构、院落格局、公共场所等。这些空间肌理是在特定环境条件下形成的具有历史性的要素集合，它们共同决定着乡村聚落形态的基本特征。乡村聚落形态的演进与不同时期人的活动方式有着密切联系，从传统村落到城镇都体现了这种关系。因此，乡村聚落空间组织的变迁必然会受到其影响，而这一过程也正是乡村聚落空间发展演变的动力机制。

浙东传统乡村聚落空间要素具有由小到大、由简到繁的层级结构特征。以前童古镇、慈城古县衙、象山石浦渔港古城、许家山石头村等为代表的传统村落在各个层级空间上都构成逐级提升的内在联系。由于各地经济发展水平、自然条件、人文因素及社会文化习俗等不同，传统村落在建设过程中逐渐形成了各自独特的乡村聚落空间形态，表现出地域性。但无论整体形态如何变化和如何复杂，"间—合院—院落—街坊—聚落"的层级结构是稳定的，体现出一种由低到高的演变趋势。这一现象反映了中国古代农耕文明对传统农村的深刻影响，进而构成了传统乡村聚落空间的整体结构形态。经过对前童古镇典型的聚落空间进行分析与探讨，前童古镇也符合"间—合院—院落—街坊—聚落"的层级结构。

本章以聚落为研究对象，以前童古镇为例，研究浙东地区聚落空间的特色和演变机制。

3.2.3 前童古镇聚落空间的特点

"有物混成，先天地生……人法地，地法天，天法道，道法自然"，这出自老子的《道德经》。"道"即自然界最基本的规律，也是宇宙间万事万物变化、生长之本源。它不仅包括客观世界，也包括主观精神。所谓"道法自然"，是指顺应自然规律，按照客观规律办事，既不违背自然，又能达到人与自然和谐共生。《庄子·齐物论》认为"天地与我并生，而万物与我为一。"这一思想从宏观层面揭示出自然界中存在一种普遍联系，即天、地、人之间的有机统一。无论是"道法自然"还是"物我合一"，都是对"天人合一"这一中国哲学思想的阐释。

前童古镇的建筑布局和聚落空间遵循了"道法自然""物我合一"的哲学思想，尊重原有地形地貌特征，以河流、山脉、路网等自然形态为基础确定建筑布局与空间结构。从整体来看，前童古镇的明清古建筑群布局疏密有致，在空间上呈现出井然有序、变化丰富的特点，形成"疏""透"结合的空间格局。以前童大祠堂为中心，大小不一的宅院散落或穿插其间，并由"八卦水系"（图3.5）串联起整个村落的空间形态。南大街、花桥街店铺林立，小巷纵横密布便于通行，构成一个有机统一的聚落空间。

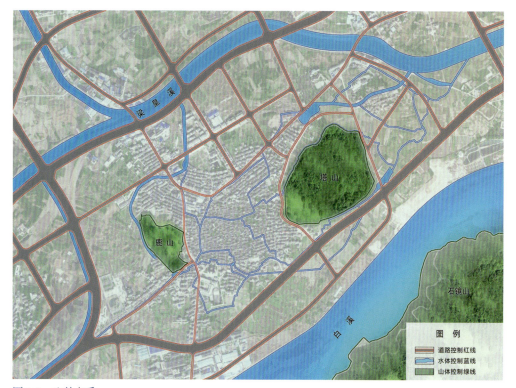

图 3.5　八卦水系

第 3 章
极具儒家文化古韵的古镇格局

　　明清古建筑群是前童古镇聚落空间构成的基本单位，以三合院和四合院为主，具有明显的封闭性和开放性共存的特征。不同类型院落都有其特有的布局形式与形态特点，它们在村落内相互关联、相互影响，而每个院落又都是一个完整的居住空间，同时也是整个聚落和街巷空间的基础。宅院紧挨在一起，形成了一条条狭窄的街巷，宽的有 5 米，窄的不足 1 米，形成了高墙窄巷的空间格局，如图 3.6 所示。

图 3.6　高墙窄巷的空间格局

　　在漫长的历史进程中，前童古镇历经不同时期的建筑形态更迭，包括明清古宅院、民国的砖木建筑及风貌控制区的砖混结构住宅。这些建筑与其周边环境联系紧密，共同构成了相对独立的区域环境空间，成为当地传统村落风貌不可替代的一部分。今天的前童古镇正是各个历史时期迭代更新的结果，形成了其地域独有的演变逻辑。站在鹿山顶上俯瞰前童古镇，连绵的灰瓦与灵山秀水相映成趣，更显古拙浑厚。每当日出日落，一缕缕炊烟从宅院里袅袅升起，飘浮在连片的瓦屋面上，成为古镇的另一道风景。

　　前童古镇的明清古建筑群虽没有"如鸟斯革，如翚斯飞"之壮美，但青砖黛瓦、雕梁画栋、小桥流水人家也是别有一番江南特色，如图 3.7 所示。梁枋、门窗的装饰雕工精细

传统聚落的空间特征解析与传承：
以前童古镇为例

而富有意蕴，反映了前童工匠精湛的雕刻技艺与非凡的艺术创造力，这与前童"五匠之乡"的称呼不谋而合。台州式马头墙是具有前童特色的建筑元素，尤其以群峰簪笏的七山马头墙更为壮观，呈现出独特的韵律美。前童古镇的传统民居融合了台州地区和浙东地区的建筑风格，宅院以二层为主，局部一层，多数为单进院，通过建筑或者院墙把宅院围合成一个密闭的空间，形成安静和谐的空间氛围，如图 3.8 所示。院墙的高度约 2 米，刚好遮挡外面行人的目光，偶有天井内的树枝越墙而出，如图 3.9 所示。天井满铺鹅卵石，装饰着仙鹿、铜钱纹等图案……这些传统元素都是古镇岁月的见证。

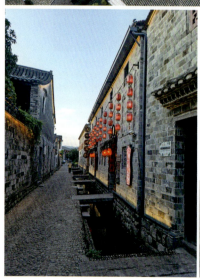

图 3.7　古镇风貌

第 3 章
极具儒家文化古韵的古镇格局

图 3.8　古镇主入口

图 3.9　花桥街

据不完全统计，前童古镇现存明清宅院 150 余个、房屋 2000 多间，以古祠、旧宅、老街为主体构成，主要集中分布于鹿山路、北大街、学士路、塔山路和兴隆路围合而成的核心保护区内。据《宁海塔山童氏谱志》记载，前童古镇最兴盛的时候有亭 3 座，庵 3 处，书院 18 处，祠堂 32 座，庙 13 座，节孝坊表 2 座，旗杆架 2 对，300 年以上古木 15 株。在古镇的核心保护区内，部分保存较好、特色鲜明的明清古建筑已经被列入县级文物保护单位或县级文物保护点，如前童大祠堂、群峰簪笏、职思其居、明经堂、好义堂等宅院。

前童古镇至今留存着大量宗谱、寿屏、圣旨、匾额和对联，反映了前童古镇深厚的文化底蕴和昔日的繁华。

前童古镇的历史风貌和空间格局具有很高的历史价值。尽管有的宅院由于天灾人祸或年久失修已倒塌或部分残存而略显衰败，但是21世纪初当地政府意识到了古镇价值，开始注重古镇的保护和发展。2007年，当地政府邀请同济大学阮仪三教授团队完成了《前童镇区控制性详细规划（2008—2020）》，此后又编制了《宁海县前童镇总体规划（2015—2030）》《宁海乡愁小镇概念规划》《宁海县前童历史文化名镇保护规划（2018—2035）》等一系列规划。在这些规划的指引下，破损的宅院逐渐被原样修复和活化，传统建筑被赋予了新的内容，由最初的单一功能向多功能转变，在满足人们居住生活的同时也给古镇增添了更加丰富的交流场所。

3.3 "回"字形的路网体系

街巷空间是村落格局完整性的重要支撑，承担着人流通行与空间转换的功能。街巷空间由街巷与弄堂组成，两者承担各自的功能但又密不可分。前童古镇主要街巷包括南大街、花桥街、石镜山路、大车门路、回水路、永宁路等，并形成"回"字形的路网体系。尤其是南大街和花桥街，道路虽然不宽，但要容纳大量的游客和村民活动，因此显得格外热闹。街巷承载着古镇主要的交通和商业功能，是无法替代的历史记忆。相比之下，弄堂作为宅院的出入通道就安静得多。保护、传承和利用好古老的街巷空间，对于保持前童古镇的历史风貌具有重要的现实意义。

3.3.1 道路系统的骨架——街巷

街巷是古镇街巷空间构成的骨架体系，在一定程度上决定着古镇的整体风貌和聚落形态。古镇街道宽度为3～5米，具有良好的通风和透光性能，同时还方便通行。巷道宽度为2～3米，属于次一等级的道路系统，通常是由多座宅院的外墙围合成的线型空间，主要满足日常出行需要。巷道通常垂直于街道，是线型街道向聚落空间的内部延伸。日本著名建筑师芦原义信在《街道的美学》一书中以街道宽度 D 和两侧建筑高度 H 之比量化分析街道空间尺度感受，如图3.10所示。他认为，这种比率是在人、建筑物和环境三者共同作用下形成的美学感受。根据对前童古镇街巷格局的实地调查，发现 D/H 值在0.5～0.7，街巷空间紧凑。

街巷尺度的变化也影响着人的日常活动，如商业行为、出行方式、房屋建造等。适中

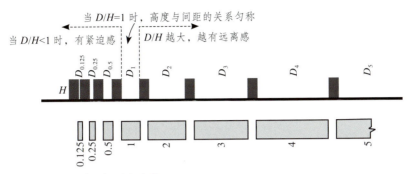

图 3.10 街道空间尺度感受

的街巷尺度有利于促进商业行为有序进行，可减少拥挤，营造良好的购物环境，形成有效的空间序列。前童古镇以大车门路、鹿山路、北大街和永宁路为外围边界，以花桥街、南大街、石镜山路、双桥街、回水路、惠民路为内部道路，共同形成了秩序井然的"回"字形路网，如图 3.11 所示。"回"字形的路网体系是前童古镇流动的主脉络，可有效疏散居民和游客。前童古镇的主入口位于用地西侧的牌坊，牌坊正对着东西走向的南大街，如图 3.12 所示。古镇内传统民居建筑疏密有致，宅院按所建基地尺度随路网和地形自由变化。

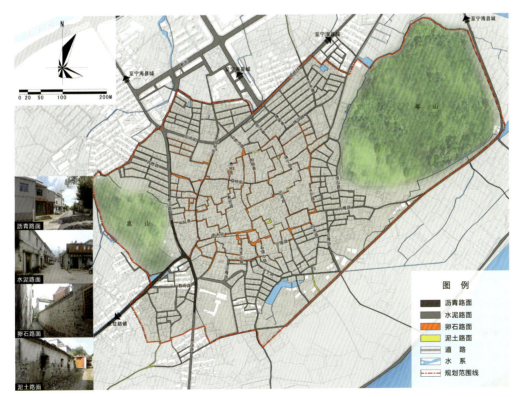

图 3.11 "回"字形路网

图 3.12　古镇主入口夜景

1. 南大街

据《宁海县志》记载，清初时期，宁海西门设有集市，百姓生活自耕自食。随着小农经济的发展，前童周边民众将剩余产品送到后枫杨树丛旁的大草坛交易，形成农历每月二日和七日两个集市，后来确定农历十二月二十七日为"黄洋市"。"黄洋市"因集市秋冬季节的枫杨树树景谐音而得名。由于"黄洋市"接近春节，集市以交易生活用品和生产资料为主，每年春节前吸引了来自宁海、天台、三门、临海等县市的民众前来赶集，许多与集市相关的习俗活动和文化现象由此产生。南大街就是"黄洋市"的主要集市地点之一。

南大街是前童古镇核心保护区的主要道路，与南北走向的花桥街、惠民路、石镜山路相连。南大街又名老街，全长约 230 米，宽 3～5 米，路面均为鹅卵石铺成，空间格局保留得较为完整。南大街两侧林立着木质结构的商铺和宅院，以传统集市店铺风貌为主，与之相交的巷弄蜿蜒曲折，是一条典型的浙东古商业街，见证了古镇八百余年的历史变迁。南大街的商业建筑布局以"下店上居"和"前店后居"为主要形式，使原住居民的生活习惯、日常活动和邻里关系得以沿袭，充满浓厚的市井气息，居住功能的保留也是前童古镇建筑文脉得以延续的根本。职思其居、明经堂、童先林故居、前童大祠堂……这些古镇的主要宅院，沿着南大街依次排列。前童大祠堂位于南大街东端，形成了视觉焦点和序列高潮。由于历史原因，南大街止于前童大祠堂，而古镇东侧地块未能得到有效的保护和利用。目前，当地政府已启动古镇东拓行动，不久的将来，前童古镇将以新的面貌展现在人们面前。

延续古镇建筑文脉，不仅是对建筑空间的保留与修复，更要活化和利用建筑。功能业态是一种物质空间载体，它注重物质空间使用功能的发挥，是对建筑文脉进行传承与创新的重要途径之一。南大街（图3.13）是古镇具有代表性的文化招牌，也是发展旅游产业的重要因素。通过对南大街合理利用，提升业态，引进非物质文化遗产项目，南大街已成为集历史文化和休闲于一体的商业街，满足人们吃、住、行、游、购、娱的全部需求，实现经济、社会、生态效益的统一。南大街的商业业态提升了古镇的人文魅力，给人们带来亲切感与认同感，从而使古镇的历史价值得以延续。目前前童古镇已成为远近闻名的休闲旅游目的地，前来观光的游客络绎不绝，因此南大街也成为当地文化传承和传播的重要载体。

图3.13　南大街夜景

对前童古镇的印象最深刻的就是"慢"和"静"。"慢"是一种生活态度，更是一种智慧。放慢脚步，才会领悟到光阴荏苒、岁月静好。诗人木心的《从前慢》最能体现前童古镇的意境："记得早先少年时，大家诚诚恳恳，说一句、是一句。清早上火车站，长街黑暗无行人，卖豆浆的小店冒着热气。从前的日色变得慢，车、马、邮件都慢，一生只够爱一个人。从前的锁也好看，钥匙精美有样子，你锁了、人家就懂了。"前童人的生活很简单，"慢"是他们最为朴实的姿态，也正是这种"慢"，使得前童古镇分外宁静，与"静城宁海"的品牌形象、"宁海静是美"的品牌口号不谋而合，如图3.14所示。

前童邮局（图3.15）、新月集咖啡馆、花轿静吧、泥金彩漆展示馆、竹编体验馆……这些慢生活的场所，已成为南大街的商业新宠。网红书吧堪称南大街上最引人注目的网红打卡地之一，它不仅保留着原有历史建筑砖木结构的特点，而且赋予了它全新的现代建筑语言，如图3.16所示。游客漫步在街上，不禁放下匆忙的脚步，或者在前童邮局写下一张明信片寄给思念的人，或者在新月集咖啡馆喝上一杯咖啡，尽情享受这里的慢生活，感受着老街的静谧与祥和，感受着前童人对传统文化的坚守与传承。

传统聚落的空间特征解析与传承：
以前童古镇为例

图 3.14　古镇慢生活

第 3 章
极具儒家文化古韵的古镇格局

图 3.15　前童邮局

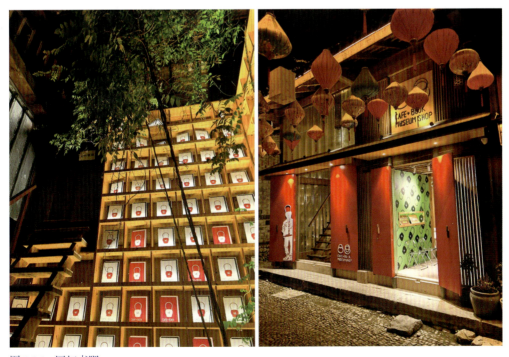

图 3.16　网红书吧

南大街附近还有乡叙前童、大车门客栈、润舍、尺木草堂、前童驿事等客栈，大多低调地开在巷子深处，或行古风或行文艺风，有效补充了南大街的商业业态。

2. 花桥街

花桥街位于古镇主入口附近，纵向连接南大街，八卦水系流经此处，使这里的风景别样秀美。花桥街与清澈见底的水系相邻，临水而建的宅院通过搭设石板桥与花桥街相接，号称世界上最短的石板桥就在此处。花桥街的商铺主要以售卖手工艺品为主，如木雕、竹雕、竹编、石头画等；还经营着几家民宿，如图3.17所示。

花桥街上有两家木雕龙舟馆，馆主都是宁波市非物质文化遗产——宁海龙舟雕刻技艺的传承人，北京人民大会堂浙江厅就陈列着馆主童献松（图3.18）团队打造的木雕龙舟。木雕龙舟是前童古镇特有的传统手工艺品，以紫檀木、黄杨木、古沉香、香樟木、椴木等为原材料，采用玉雕、竹雕、牙雕等雕刻技艺，发挥木雕特技，精雕细琢而成。木雕龙舟精巧细腻，纹理清晰，造型优美，具有极高的艺术价值。2021年，浙江省文化和旅游厅公布了第三批浙江省优秀非物质文化遗产旅游商品名单，宁海的竹木根雕和木雕龙舟双双入选。

木雕工作坊的木雕师傅童良达（图3.19）从事这一行业已经30多年，对木雕有着很深

图3.17　花桥游居民宿

第 3 章
极具儒家文化古韵的古镇格局

的情感，其作品具有很高的艺术性和收藏价值，常常令游客驻足观赏，如图 3.20 所示。

工艺竹编（宁海竹编）非物质文化遗产的代表性传承人杨维炉（图 3.21），是杨家竹编技艺的第六代传承人。为了让更多年轻人了解和传承竹编技艺，他和父母（即第五代传承人）在花桥街开设了"诗路竹韵"竹编展览体验馆（图 3.22），主要用于展示"非遗＋教育""非遗＋文化""非遗＋文旅"，是工艺竹编"非遗新经济"的重要展示窗口。竹编展览体验馆让更多年轻人了解了中国古代的竹器文化，感受到传统竹编手艺的魅力。

图 3.18　木雕龙舟非遗传承人童献松

图 3.19　木雕师傅童良达

图 3.20　木雕作品

图 3.21　宁海竹编非遗传承人杨维炉

图 3.22　"诗路竹韵"竹编展览体验馆

图 3.23　双桥街

花桥街上还有许多手工艺作坊和体验馆，增强了游客的体验感和互动性，也成为很多艺术类院校的实习基地。各种商业元素交织于老字号与新时尚之间，激发着古镇的商业活力。

另有双桥街（图 3.23）、惠民路、石镜山路、兴隆路、大车门路等街巷，共同组成了古镇完整的交通系统。

3.3.2　道路系统的"毛细血管"——弄堂

弄堂是前童古镇最狭窄的路网体系，可视为古镇道路系统的"毛细血管"。前童古镇的弄堂宽度一般为 1~2 米，最狭窄的弄堂宽度不足 1 米。弄堂是交通体系向街巷内部的进一步延伸，狭窄而封闭。古镇内部宅院间以弄堂隔开或连接，成为宅院居民与外界沟通的主要通道。弄堂受建筑布局所限，因建筑的走向而变化，一般与街巷垂直，如图 3.24 所示。

关于弄堂的宽窄，也不乏一些历史典故。相传清康熙年间，文华殿大学士、礼部尚书张英在老家建房时，因宅基地问题和邻居发生纠纷，他的家人写信到京城，请张英裁断。张英读信后，随即写下"千里家书只为墙，让他三尺又何妨？万里长城今犹在，不见当年秦始皇"，家人看后感到非常羞愧，于是按照张英所说退让三尺宅基地。邻居看到他们这样豁达谦让，深为感动，也让步三尺，终于形成"六尺巷"的格局。前童古镇的"六尺巷"就是取材于这个历史典故，也成了前童百姓谦逊礼让传统美德的见证，如图 3.25 所示。

一些弄堂取名于其位置和规模，如"六尺巷"，也有一些弄堂因宗族房派或宅院而得名，但多数弄堂并无名字。密如蛛网般的无名巷弄连接着各个宅院的侧门或后院，炎炎夏日，狭窄的弄堂由于没有阳光直射而较为阴凉，因此经常有三三两两的村民在此纳凉、拉家常，前童百姓邻里之间的亲密关系由此体现。

 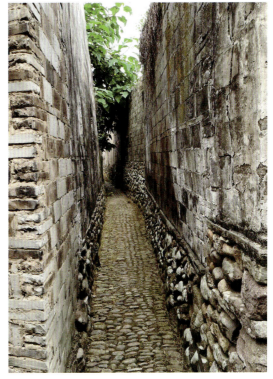

图 3.24　古镇弄堂　　　　　　　　　　　图 3.25　古镇"六尺巷"

3.3.3　丰富多变的古镇街巷节点

路网是街巷肌理形成的框架支撑，具有明确的空间界限及秩序。街巷节点则是整个网络中连接各个层次要素的桥梁和纽带，通过对连续线型街巷内部空间的收放、转折和过渡改变，从而形成街巷的等级变化。街巷节点在"开"与"合"之间形成了丰富多变的空间律动，使整个街巷线型系统富有变化，既能起到界面延续的作用，又能体现其独特的空间性格。前童古镇通过打造多个街巷节点空间，使得整体布局更加紧凑合理，形成了特色鲜明的古镇空间格局。

宅院、水系和小桥是人与街巷之间最为直接的观察点，也是最能直观体现古镇传统风貌的街巷节点。连通家家户户的小桥（石板）（图 3.26）将水系与街巷连接成一个立体空间，营造出和谐宁静的空间氛围，"小桥流水人家"恰是对前童古镇最贴切的评价。街巷节点空间给古镇带来了生机和活力，促进了空间之间相互渗透与拓展。古镇通过牌坊、前童大祠堂、前童驿事、大车门等元素将各个街巷节点空间组织起来，给人有机而整体的感觉，如图 3.27～图 3.29 所示。

传统聚落的空间特征解析与传承：
以前童古镇为例

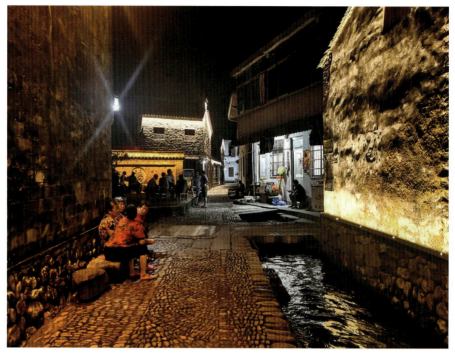

图 3.26　花轿街连接的街巷节点——小桥（石板）

图 3.27　牌坊连接的街巷节点

第 3 章
极具儒家文化古韵的古镇格局

图 3.28　前童大祠堂连接的街巷节点

图 3.29　前童驿事连接的街巷节点

3.4 山水环境造就独特的古镇特色

3.4.1 "家家有小桥，户户有流水"的八卦水系

前童古镇身临山水间，地势平坦开阔，曾被始祖童潢选为子孙繁衍的绝佳之地。但是梁皇溪、白溪均绕村而过，村庄水资源匮乏，童濠开渠凿水，引水入村，从而改善了村庄环境，解决了村民的用水问题。在此基础上，童氏先祖根据地形地貌和村落格局，按九宫八卦原理进一步将水渠划分为若干条支流，最终形成了"家家有小桥，户户有流水"的八卦水系。八卦水系不仅串联了整个村落的空间形态，而且起到防洪和防火的作用，即使暴雨来临或上游水库泄洪，水渠里的水也不会漫上路面而影响村民的生活。在干旱和枯水期，当其他村庄无水可用时，前童古镇的水依然不会断流。

古镇内户户有流水，只是水渠的宽窄不同。古镇西侧主入口的水渠最宽处约 3 米，里面养了许多色彩斑斓的锦鲤，为古镇增添了一抹亮丽的色彩，如图 3.30 所示。花桥街水渠

图 3.30　渠中锦鲤

宽约 2 米，而其他水渠宽不到 1 米。水渠底低于路面约半米，水渠底和侧面主要铺设鹅卵石，偶尔为石板。水渠通常流经宅院的后门或侧门，其上搭设石板供人通行，当地人称这种石板为"小桥"，从而形成"家家有小桥"的古镇特色。在水渠较宽处，每隔一段就设有一至两步石阶，旁边放有一块石板，村民清洗衣物时把它当作搓板使用，有的也会放置木桶或盆，这给村民生活带来了便利，如图 3.31 所示。

图 3.31　古镇便利的人居环境

前童古镇有 1200 余座石板"小桥"。在花桥街上，有一座"世界上最短的桥"名为花桥，花桥街因此得名。它是一座明式风格的古桥，桥面扁平，由数块石板砌成，桥洞呈拱形，造型古朴大方，两侧的栏板上原雕刻有精美图饰，因年代久远而风蚀严重。古镇的小桥选用当地石板铺设，或长或短，或宽或窄，绝大多数的石桥朴素得只是一块石板，最短的仅有 30 厘米。

前童古镇以水为纽带，形成了人与自然相互交融的人居环境特色。淙淙溪水把古镇点缀得分外清秀，鹅卵石铺就的街巷尽显宁静和温暖，小巧玲珑的石板桥见证着岁月变迁，青砖黛瓦的古宅院更增添了古朴的气息，它们共同构成了一幅美丽的古镇画卷，如图 3.32 所示。

为了更好地保护古镇的八卦水系，当地政府加大了对白溪流域的整治和改造力度，这不仅让白溪水更加干净清澈，而且使八卦水系的水源得到了保障和改善。

传统聚落的空间特征解析与传承：
以前童古镇为例

图3.32　家家有小桥，户户有流水

3.4.2 "井水不犯河水"的明清古井

"井"字最早出现在商朝的甲骨文，西周以后"井"字当中多出一圆点，表示井中有水。井在过去承载着人们对故乡的记忆，不管走了多少山山水水，回到家都会喝上一口故乡清冽的井水。但古井不像古建筑那样被重视，许多地方的古井都已废弃，因此有必要对古井加以重视和保护。

井的产生既显示了人类的智慧，也为人们的生活提供了方便，村落的发展和聚落空间的形成离不开井的建造及分布。《易经·井卦》提到"改邑不改井"，这是由于井受到水脉的制约，因此井是一个不动的参考点。天地间万物都离不开水，由于水资源的有限性和人们对饮用水的迫切需求，人口聚集的地方水井的分布更是密集。

据不完全统计，前童古镇留存有24口古井，大多数是明清古井，分布在古镇的主要街巷。古镇内比较有名的古井有下井头水井、塔山东门头水井、双桥水井、悌二水井、前童三房水井、花桥水井、上街头水井、下街头水井、塔山八房花坛水井、联合祠堂前水井、响祥弄水井等，它们与前童大祠堂等明清古建筑群共同构成前童古镇不可或缺的物质遗存，如图 3.33 所示。这一口口古井不仅满足了人们日常的生活需要，也是村民间建立沟通交流的纽带。从某种意义上说，这些古井是古镇的生命源泉，是童氏祖先留给后人的宝贵财富。

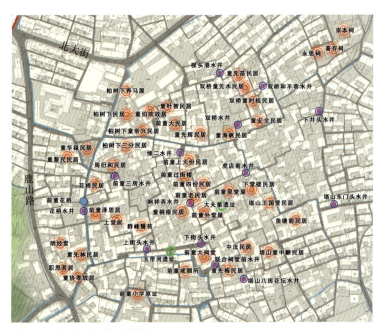

图 3.33　古井、古宅分布图

井水是天然的优质地下水，水质清澈甘甜，非常适合饮用。虽然已有满足生产生活用水的八卦水系，但由于水渠的浅表层水无法直接用作饮用水，优质的井水便成为村民饮用水的最佳选择。由此，古镇形成了水渠和水井两套水系，前者主要用于农田灌溉等生产生活，后者主要用于日常饮用。两套水系虽然相邻，比如花桥水井距离邻近的水渠只有 2 米，但互不干扰，这是由于童氏祖先在修建水渠时，将鹅卵石铺设在水渠底部和侧面，相当于给水渠设置了隔水层，避免了水渠的浅层地表水渗透到外面；而井水是深层地下水，经过厚厚的沙积层过滤，形成了清澈甘甜的井水。两者之间不渗漏也无回灌，正所谓"井水不犯河水"。

古井的井口常呈圆形或方形，用约半米高的石条或石板围起来，部分石条或石板上雕刻着文字或图案。花桥水井井口为圆形，由内外两个井圈围成，四周地面铺设鹅卵石，如图 3.34 所示。上街头水井始建于唐朝，距今已有千余年历史，其井口为方形，由四块大小相同的长方形石板拼接而成，井栏石板依稀可见雕刻图案，如图 3.35 所示；水井旁有一石槽，因常年使用已被打磨得非常光滑，留下了岁月的痕迹。悌二水井已有 600 年的历史，井口呈方形，在东侧石板内壁上刻着"悌二隔墙里之井"，至今依然清晰可辨，如图 3.36 所示。

图 3.34　花桥水井

图 3.35　上街头水井

图 3.36　悌二水井

3.4.3 孝女湖及其他水系，完善古镇山水环境

孝女湖是前童八景之一，名曰"孝女莲湖"，位于塔山北麓。据《宁海县志》记载："唐时汪氏女，早丧夫，守节不嫁，以养母。母好湖水，尝汲於此。母殁，遂投湖以死……。"故后人称此湖为孝女湖，也从侧面反映出前童孝文化的历史悠久。清朝大学士赖世隆曾有诗云："江以曹娥名，湖以孝女著。千秋洁白操，誓不随波去。"这是孝女湖最为形象化、生动化的写照。清雍正八年（1730年），童氏先祖为了教育功成名就的族人回乡时不在父老乡亲面前显尊露贵，专门在湖边建造了一座供他们换衣帽的"致思亭"。如今的孝女湖畔古木参天，环境优美。

另有将军湖、庙湖、冷水湖、朱家湖、石泄潭等各类生态水资源分布在前童古镇周边，是古镇水资源的有效补充，进一步完善了古镇的山水环境。

第 4 章 前童古镇的历史建筑及遗迹

彭一刚在《建筑空间组合论》一书中提出，在群体组合中，各单体建筑如果在体形上包含某种共同的特点，那么，这种特点就像一列数字中的公约数那样，暗示它们是属于同一个"序列"，而有助于在这一序列中建立起一种和谐的秩序。彭一刚通过对古建筑群布局和院落组织与现代建筑设计方法之间关系的探讨，提出了基于功能分区的整体设计思想，并且从历史的角度对这一思想的成因进行了剖析，这对我们探索中国古建筑，研究中国传统民居具有重要的启发意义。

中国古建筑最突出的特点是采取了院落式群组布局，即由多个相对独立或者相互关联的单体建筑构成一个院落。这种以群体为单位组织起来的住宅形式具有很高的使用价值。为了改善人们的居住环境，满足不同群体对居住空间的需求，通常会在院落中设置一个或多个大小不一的"天井"。"天井"是浙东地区对由四周房屋围合成的小院的称呼，而宁海百姓称之为"道地"。浙东地区的乡村因土地资源匮乏，院落布局往往十分紧凑，天井也不大，一般都是单门独户。在经济发达、人口密集的城镇，院落规模相对较大、结构复杂，多为三进或五进院落，并形成以对称轴为主线的平面格局。因屋顶上的雨水由四面斜坡流向天井，故称为"四水归堂"，也暗合了"藏风聚气"的理念。院落具有很强的私密性，既有单门独户的宅院，也有数个院落组合成的多进院落。多进院落具有很强的尺度感、自然性和整体性，比单门独户的宅院空间更加丰富，也更具特色。

宋朝李诫的《营造法式》一书对建筑营造做了系统化的规定，蕴含的科学思想和美学原则为古建筑保护和传承提供了很好的借鉴作用。封建等级制度下的建筑形制适用于富商巨贾、官宦人家和普通百姓，反映了当时的历史、文化、风俗、艺术、科技等各方面内容，满足了不同阶层的审美需要。乡村聚落中的古建筑虽然受封建等级制度的影响，但由于地域环境的不同，常常顺势而为使古建筑更富有灵活性、地域性、文化性和艺术性。然而由于种种原因，当前古建筑面临着许多困境，如古建筑损坏严重、维修资金严重不足、传统风貌遭到破坏、缺少有效管理措施、过度旅游开发等，这些都直接或间接地阻碍了传统建筑的保护与发展。如何在不违背现代生活追求的前提下做好古建筑的保护与活化利用，成为当前亟须解决的重要课题。

宁海县毗邻东海，常年以东南风为主，加上当地温和多雨的气候，因此宅院的最佳朝向是坐北向南。前童古镇的明清古建筑群以单进三合院和四合院为主，风貌保存较好，如图4.1所示。根据家庭规模和家境的不同，必要时将二合院、三合院和四合院灵活结合，形成多进院落的平面格局，使院落能更好地满足使用需求。上堂屋就是这种空间布局，它由三进三合院组成，也是古镇规模最大的院落。

前童古镇的历史建筑和历史环境要素构成了富含传统特色的建筑风貌及街巷肌理。通

第 4 章
前童古镇的历史建筑及遗迹

图 4.1 明清古建筑群

过对古镇的现状调查，前童大祠堂、群峰簪笏、职思其居、明经堂、好义堂等古建筑集中展示了浙东传统建筑的精髓。本章结合建筑学相关理论，以中国传统民居中典型的院落式住宅为切入点，从宏观到微观、从外在形态到内在机理系统地解析前童古镇历史建筑及遗迹的特色。

4.1
儒家传统文化的象征——宗祠建筑

中华民族尊祖礼贤，营造家园时遵循着严格的制度，并对建筑选址和布局有很高的要求。在我国传统文化中，风水理论是一项重要内容，它主要强调人与自然环境之间的相互关系及影响因素，并以此作为指导原则，对建筑空间进行合理规划。《礼记·曲礼下》曰："君子将营宫室，宗庙为先，厩库为次，居室为后。"可见，古人往往选择最好的"风水宝地"建造宗祠、寺庙等公共建筑，民居又以宗祠为中心建造，层次分明，形成中国古代特有的宗族聚落形态。

宗祠是中国乡土社会宗法制度中最主要的建筑类型，又称祠堂、祖祠、宗庙、祖厝等，是每个宗族的子孙为祭祀先祖和他的后裔而修建的。浙东地区的农村宗祠大多建在村庄中心，与村民们的日常生活紧密相连。宗祠不仅是村民精神寄托的场所，也为当地经济发展提供了重要支撑。

陈志华认为："一座村落其实质就是一个宗法共同体，宗族组织管理运营着整个系统，维持着日常社会生活的正常运行。"中国社会长期受封建主义和中央集权专制的影响，形成了一套严密的政治管理体系，即宗法制度。宗族组织就是在这一制度框架内出现和发展起来的社会群体形式，也是捍卫封建宗法制度最重要的力量之一。宗族组织主要包括族谱、宗祠、族规和族产等，并制定了严格的管理制度约束宗族成员以达到其目的。"家必有谱，族必有祠"，通常在每个宗族组织聚集地建宗祠。宗祠是宗族实行道德教化的重要场所和重要手段，祭祀活动、伦理教育和济弱扶贫等公共性活动，依托宗祠得以实现。以血缘关系为纽带建立起来的宗族，"忠""孝"一直贯穿于整个宗族管理过程，而"忠""孝"又是儒家思想体系中最基本也是最核心的内容，它对整个村落乃至整个宗族的发展起着至关重要的作用。

周朝的《礼记·王制》记载："天子七庙，三昭三穆，与太祖之庙而七。诸侯五庙，二昭二穆，与太祖之庙而五。大夫三庙，一昭一穆，与太祖之庙而三。士一庙。庶人祭于寝。"自唐五代以来，民间就已经私自修建各家族宗祠，历朝文人雅士也大力提倡建家庙、修家谱。宋朝以后，古人对建宗祠的意愿越来越强烈。南宋著名理学家朱熹在《家礼》中突破宗庙制度束缚，开创了"祠堂制度"的先河。明清时期经济繁荣，人口众多，宗族意识增强，建立宗祠成为一种普遍现象。这时的宗祠作为祭祀祖先、传递亲情、延续门风、聚会议事之地，塑造并维系着家族文化认同与宗族秩序。在家族不断壮大的过程中，或者由于各种历史原因，家族成员迁徙到新的居住地，形成了新的宗族或者支系，于是新的宗祠便建立起来。宗祠是重要的礼制建筑，在修建宗祠时由于各个家族财力不同，宗祠形制、材质、装饰等元素表现出多样性。被誉为"岭南建筑艺术的明珠"的广州陈家祠以装饰精巧、富丽堂皇而著称，而浙江省新叶村祠堂则尽显沧桑庄重、质朴雅致。

在传统乡土建筑中，宗祠大体可以分为三类：一为守墓之祠；二为生祠，即祭祀有功活人之祠；三为宗祠，即供奉宗族祖先之祠。浙东地区多以宗祠为主体，宗祠通常在村落中占据主要地位。从某种程度上说，宗祠文化就是一个村庄的文化标志，其作用不仅仅体现在物质层面，还体现在凝聚人心、教化百姓的精神层面。

现代社会宗法制度已瓦解，宗祠也丧失了它原来的作用。今天的宗祠已经成为寻根问祖、追思祖先、激励后人、旅游开发、生活娱乐多种功能的重要载体。所谓"乡愁"，恰恰是经由环境认知而获得的，将其转化为具体的场所记忆与历史文脉时，历史叙事单元应是可识、可读且极有意义之空间集合。"文化寻根"已然成为旅游开发市场的热点。通过

第 4 章
前童古镇的历史建筑及遗迹

对宗祠的翻新、修缮及重建,植入新的内容,同时加强对建筑周边环境的改造和升级,已经成为重构乡村公共空间的一个重要途径,由此也推动了对宗祠的保护、传承和利用。

支祠是祭奠本房派、本支始祖以下历代祖先的祠堂,规模较小,形制、材料、装饰等均比宗祠略逊一筹。但前童古镇中也保存了较多珍贵的明清支祠建筑遗迹,具有很高的历史文化价值。据史料记载,前童古镇有俨思祠、司牧祠、追远祠、世德祠、仁本祠、永思祠、著存祠、崇本祠等 31 座支祠。

4.1.1 县级文物保护单位——前童大祠堂

前童大祠堂是前童古镇现存历史最悠久、保存最完好的传统礼制建筑,在浙东地区的宗祠建筑中具有一定的代表性,如图 4.2 所示。前童大祠堂是塔山童氏宗族祭祀祖先、聚会议事的场所,也是塔山童氏成员增进感情、文化交流的主要象征,如今还是古镇节庆日的文化娱乐中心。

图 4.2 前童大祠堂

沿着前童古镇的南大街一路向东,街的尽头就是前童大祠堂。这座以宗族、礼法为主线的祠堂构成了古镇的核心,许多保存较为完整的明清古建筑围绕在其四周,如图 4.3 和图 4.4 所示。前童大祠堂布局规整、形制完整、文化底蕴深厚,具有较高的历史和艺术价值,是研究古代宗族制度、聚落空间、地方民俗风情的重要实物资料。前童大祠堂曾在抗战时期作为浙江地区第六行政公署发挥过重要作用,并于 2000 年 3 月 14 日被列为宁海县第四批县级文物保护单位。

传统聚落的空间特征解析与传承：
以前童古镇为例

图4.3　前童大祠堂航拍1

图4.4　前童大祠堂航拍2

前童大祠堂始建于明洪武十八年（1385年）。据《宁海塔山童氏谱志》记载："我族有宗祠，制定于方正学先生。"当时明朝大儒方孝孺（即方正学）应童伯礼邀请，到石镜精舍讲学，参与了前童大祠堂的设计，同时编撰宗谱（图4.5），制定族规及祭祀制度。据遗存的童氏祖训查证，前童大祠堂修建之初，并非为了祭祀先祖，而是让后代子孙向汉高祖时期被称为"万石君"的石奋学习。据史料记载，石奋恭敬谨慎、品行端正、孝顺父母、做事严谨，后来其家族成为一代名门望族。前童大祠堂经历了数百年的风吹日晒和海风侵袭，局部损毁，从清朝到民国曾多次重修。目前前童大祠堂现存建筑有少量是明代建筑，大部分是清朝或民国时期所建，极小部分是中华人民共和国成立以后修建的，但总体布局仍保持着原貌。

《浙江民居》一书中把浙江宗祠建筑划分为独立正厅式、纵向合院式、门屋式、浅院式及前廊轩、后天井式等类型；按功能又分为戏台式、无戏台式、有寝堂式、无寝堂式；按正立面形式分为楼式、门屋式、门墙式等。按照上述分类原则，前童大祠堂属于设戏台的门屋式宗祠建筑。

图 4.5　宁海塔山童氏谱志（1995 版）

前童大祠堂占地面积约 800 平方米，建筑面积 1378 平方米，坐北朝南，呈矩形，是一座典型的浙东地区合院式木结构礼制建筑。受儒家思想影响，在建筑选址和布局时遵守"中轴对称、尊卑有序、左上右下"的秩序。前童大祠堂沿着中轴线对称布局安排，从南到北依次是旗杆夹石、倒座、戏台、天井、正殿，东西厢楼整齐有序地分列两侧，严谨的空间秩序也寓意着子孙兴旺、吉祥平安。通过对前童大祠堂的功能性、实用性及结构、形制等多方面的分析和研究后发现，虽然前童大祠堂在各个时期修建完成，但是各个时期的建筑之间存在着某种统一性，建筑样式丰富但又互相交融，是一座风格独特的宗祠建筑。清乾隆年间，文人齐周华应举人童培之邀请来前童修撰族谱，在此期间他撰写了《宁海童氏宗祠记》（图 4.6），文中记载前童大祠堂"右为文昌阁。其明堂左右二坎，为宰牲所。俗呼'天地坛'者，妄也。中庭三间，深广高洁。东西北三面，各为龛，以藏木主，其名曰祐"。该文章是研究前童大祠堂的一份重要历史资料，对认识当时的前童，甚至宁海地区的建筑形制、地域文化有着举足轻重的作用。

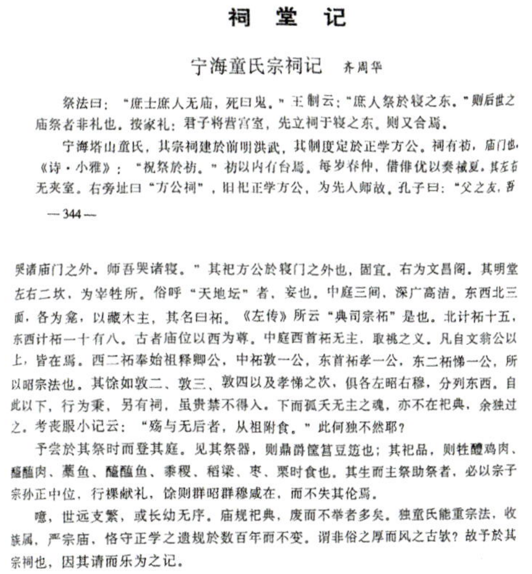

前童大祠堂南大门的小广场上，对称排

图 4.6　《宁海童氏宗祠记》

列着代表童氏宗族荣耀的两对旗杆夹石，用当地石材蛇蟠石制作而成，如图4.7所示。旗杆夹石亦称夹杆石、旗杆石或功名旗杆夹，是封建社会科举考试的产物。古人在科举及第后，通常都要在宗祠前竖立旗杆夹石，中间插上旗杆，在旗杆夹石上镌刻考试者姓名、名次和生平事迹等信息，以此来彰显宗族功名，激励后人。祠堂内竖立的旗杆越多越高大，越能够彰示出该村文风鼎盛。前童大祠堂东侧旗杆夹石是康熙庚子年为童培中举人所设立，西侧旗杆夹石是清乾隆年间为童桂林中举人所设立。旗杆夹石高1.82米，宽0.56米，厚0.18米，夹石相距0.3米。原旗杆、阴斗都没有保存下来，现在的这两组旗杆夹石是根据历史遗留资料恢复修建的。旗杆一般选直径大、高度十几米的杉木，在旗杆底部开孔，再将硬木插入旗杆，固定在左右旗杆夹石上。旗杆夹石两侧刻有松鹤延年、鹤鹿同春等吉祥图案。

图4.7 旗杆夹石

倒座是民国时期修建的，具有西洋建筑风格。倒座宽15米，进深9米，为两层楼房，气势恢宏，烘托出宗祠肃穆、庄重的气氛，如图4.8所示。倒座五开间，居中一间宽度最小，仅为2.4米，其余开间宽度为3～3.6米，居中三间设戏台。原戏台是明代建筑，天花为精美的螺旋式藻井，现存戏台在20世纪60年代重建。前童大祠堂正大门上镶嵌着

图4.8 前童大祠堂倒座

一块石制匾额，上面刻着苍劲有力的"童氏宗祠"四个字，如图4.9所示。匾额上面有一个葫芦形的灰塑图案，中间图案为日月同辉。灰塑属于中国传统建筑的雕塑艺术，常用于祠堂、寺庙和民居等建筑的装饰，在我国南方地区应用较为广泛。灰塑中有时还添加红糖和糯米，使其有更好的抗风雨和耐高温等性能。前童大祠堂共有七扇门，平常只开倒座两侧通道的小门和正殿右侧通道的小门，只有在盛大的祭祀活动或逢年过节演戏时，七扇门才能全部打开，此时整个祠堂就显得格外热闹。演戏不仅是为了娱乐村民，还是庆贺节日和报答神灵的方式。

浙江省自古为富庶之地，也是多种戏曲竞相角逐的地方。宁海县原属于台州府，新昌县和天台县的戏班对宁海县的传统戏曲产生了很大影响。戏剧的发展离不开戏台，明末清初兴建的宗祠大多建有戏台。

图4.9 前童大祠堂正大门

宁海县保存较好的古戏台有125座，原汁原味地保留了历史风貌，其建筑结构之特殊、雕刻装饰之丰富、工艺之高超，博得世人称颂，其所展示的文化内涵，更显得难能可贵。宁海古戏台属于全国重点文物保护单位，因此宁海也成为"中国古戏台之乡"。民国时期，由于塔山童氏人口众多，原有的大祠堂布局已不能满足日常使用，于是将正殿向北移动了约20米，扩大了天井面积。但是戏台在天井中间，影响祭祀、看戏及其他群众性集会的举行。为了解决这个矛盾，在20世纪60年代拆除了原来的戏台并向南移6米进行重建。重建后的戏台没有原来精致，总体格局与原先的凸字形平面不同，如图4.10所示。

戏台的前后台连接处设有屏风，两侧各设一个小门，左边小门供演员上场使用，称为"出将"，右边小门供演员下场使用，称为"入相"。屏风后面是1米多宽的候场台，对着大祠堂的正门，通向门厅和二楼的小楼梯与这里相连，显得比较拥挤。戏台的藻井为圆形穹顶，彩绘的图案已模糊不清。藻井在民间又被称为"鸡笼顶"，具有吸音、共鸣的物理特性，发挥"绕梁三日"的功效，同时还具有承重和美化的功能。宁海古戏台的藻井形式有单藻井、二连贯藻井、三连贯藻井等形式，尤其以崇兴庙和岙胡村胡氏宗祠的三连贯藻井戏台最为精美。随着时代的变迁，各地留存的古戏台或破旧或湮没，与一些传统生活方

图 4.10 重建后的戏台

式和风俗一起被人们渐渐抛弃，古戏台面临"曲终人散"的尴尬局面。近年来，在各级政府及有关部门的大力支持下，当地政府和百姓积极参与古戏台的保护、修复和利用，使其重新焕发生机，让古老的文化艺术得到传承发展，以期更好地发挥出这一文化遗产在新时期下的价值。随着古镇的开发建设，前童大祠堂的戏台经常上演着宁海平调、宁海舞狮等传统节目，继续发挥着作用，如图 4.11、图 4.12 所示。

  正殿是整个建筑最重要的部分，这里是塔山童氏活动最频繁的地方，也是旧时化解村民纠纷的场所。正殿为单檐平房，硬山顶，坐北朝南，面阔三开间带二弄，面宽 15 米，进深 10 米，其中明间面宽 4.5 米，比一般宅院开间大。正殿用料粗大，做工考究，庄严大气，是典型的明代建筑风格。梁柱体系采用抬梁穿斗混合式木构架结构，明间采用抬梁式，抬梁减前金柱、中柱。大殿内的 32 根圆鼓形柱子支撑着整个大屋顶，也暗含着塔山童氏就像一盘围合的棋子，反映了浓厚的家族意识。柱间以榫卯结构固定构件和装饰件，使其成为一个有机整体。前檐廊柱上设置斗拱，雕刻细腻、线条流畅，反映了当地工匠高超的手工艺水平。塔山童氏崇文重礼之风由来已久，仁、义、礼、智、信深入人心，以此为主题的匾额或楹联常悬挂在祠堂的正殿或民居的正屋。前童大祠堂的正殿悬挂着几块年代不同、大小不一的木匾额，两块黑底金字的"文魁"匾额分别悬挂于正殿的左右次间，据考证分别是清康熙和乾隆年间的匾额，如图 4.13 所示。另有"赉我思成""诗礼名

图 4.11 地方戏曲表演

图 4.12 宁海舞狮

图 4.13 前童大祠堂正殿悬挂的"文魁"匾额

宗""永慕堂""世德作求""根深叶茂"等匾额悬挂在正殿内，如图 4.14、图 4.15 所示。其中"责我思成"是清康熙癸未（1703 年）桂月之吉，甬东仇兆鳌题，上钤两方印。殿内右侧立着一块清道光三年（1823 年）的"祖训碑"，上面篆刻着第七代世祖童伯礼的家训，教育后代要"耕读传家"。殿内左侧立着一块刻着《童贤母传》的石碑，童贤母是童伯礼的母亲，嫁到童家后孝敬公婆、教育子女、关心村民，因此方孝孺撰写《童贤母传》称颂她。大祠堂内的祖训、匾额、楹联等都记载着塔山童氏的历史和家风。

图 4.14　前童大祠堂正殿内的匾额

图 4.15　"责我思成"匾额

东、西厢房为面阔三开间的两层建筑，硬山顶，造型简洁明快，如图 4.16 所示。东、西厢房各有一个歇山顶的发角楼，其中西发角楼为明代建筑，基本保留了当时的建筑风貌。据史料记载，东厢房原为歇山顶建筑，现改为硬山顶建筑，原东发角楼也在民国时期被拆毁，2010 年重新修复东发角楼。发角楼造型独特，挑檐深远，拐角处起翘角度尤为夸张，呈飞鸟展翅之势，是前童大祠堂最具装饰性的建筑。二楼有一排龟背纹木隔扇窗，与屋顶的飞檐相映成趣，如图 4.17 所示。

图 4.16　前童大祠堂东厢房

图 4.17　飞檐翘角

清朝李斗在《扬州画舫录·草河录上》中描绘飞檐的形象:"香亭三间五座,三面飞檐,上铺各色琉璃竹瓦,龙沟凤滴。"飞檐是我国古建筑中常见而又重要的屋顶装饰形式。根据飞檐起翘角度的不同,可分为许多形态,或低垂、或平直、或上挑,不同形态带来的艺术效果也是不一样的,有的飘逸,有的质朴,有的苍劲。飞檐不仅可以起到美化建筑外观的作用,其本身也是一件非凡的艺术品。亭台楼阁常以飞檐来表达自己的身份,抒发自己的情感。江南地区建筑的飞檐翘起较高,显得洒脱且富有创意,如图 4.18 所示。江南地区雨水多,雨量大,经常有大暴雨,因此古人期望用高高翘起的屋顶飞檐将雨水抛洒在远处,以缓解雨水对建筑基础的危害。但用现代物理学的知识分析,雨水不是固体,不可能像小球一样被抛得很远,即使下再大的雨,雨水也是沿着屋檐一串串滴落下来,这恰巧构成一番独特的江南景致。

图 4.18 西发角楼的飞檐

东、西厢房也常作为看戏场地的拓展空间。古时男女有别,常常是男子在天井和正殿看戏,女子和儿童在厢房看戏,互不干扰。因此,宗祠建筑常常采用这种巧妙的布局方式,满足观赏演出的需求。东、西厢房的山墙顶分别塑有"积善余庆""天官赐福"的字样,寓意吉祥富贵。厢房的梁枋形状如龙头,阴刻的纹饰图案流畅,工艺细腻,梁枋间的柁墩像斗拱极具特色。东厢房立着四块"圣旨碑",其中一块为明代的"圣旨碑",较为古朴,上面的文字已模糊不清。明代"圣旨碑"四周有四对栩栩如生的双龙戏珠图案,造型生动逼真。图 4.19 所示为厢房、山墙、圣旨碑及建筑细部装饰。

第 4 章
前童古镇的历史建筑及遗迹

图 4.19 厢房、山墙、圣旨碑及建筑细部装饰

古建筑的屋脊是最容易受到雷击或风雨侵蚀的部位。浙东沿海地区台风多、雨水多，屋脊上的装饰构件由于自身的坚固性和耐久性不足，导致其与屋顶的连接不够牢固，存世完好的比较少。但前童大祠堂的正殿和发角楼的屋脊装饰物保留较好，双龙戏珠、福禄寿、金鸡报晓及鸱吻等形态极富地方特色，为研究明清时期民间信仰提供了珍贵资料，如图4.20所示。

图4.20　屋脊装饰

东、西厢房后墙装饰着很多纹样丰富、雕刻精美的石花窗，几乎每扇石花窗的纹样都不一样，如图 4.21 所示。一楼石花窗为长方形，起到窗户的作用；二楼石花窗呈横向扁长形，作用与窗台栏杆相似，装饰纹样以几何形为主。石花窗造型简单、线条流畅、色彩明快、图案简洁。

前童大祠堂的天井由于正殿北移、戏台南移两次改建，空间尺度相对较大，并不比北方四合院的天井逊色。天井西南角有一个用青砖围砌的坑，长 0.8 米，宽 0.55 米，原为杀牲时沥血用。相传塔山童氏举行祭祀时，必须杀牛马祭祀祖先，足见族内祭祖仪式的隆重。天井用鹅卵石铺成寓意吉祥如意的花纹，不仅美观，还可以减少夏季地面向室内产生的热辐射。

图 4.21 前童大祠堂西厢房后墙

4.1.2 支祠和塔山童氏房派发展

随着宗族的发展产生了房派,每个房派供奉各自直系祖先的祠堂称为支祠。房派是介于宗族和家族之间的血缘组织,塔山童氏最早的房派始于第七世祖童伯礼、童伯言、童伯诚、童伯谦,又叫"老四房",如图4.22所示。

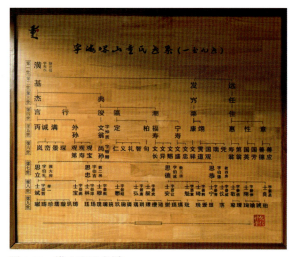

图 4.22　塔山童氏房派

明中期后,随着社会经济的不断发展,与宗族相关的活动日益频繁,民间祭祀活动日益增多。在这种背景下,大量支祠应运而生并逐渐兴盛起来。前童古镇除了拥有代表塔山童氏宗族的前童大祠堂外,还有代表各房派的32座支祠。多数支祠建于明清时期,规模较小,但建筑格局和营造方式相互统一。支祠与前童大祠堂相比显得更为古朴,形制、材料、装饰等也略逊一筹,这主要是受封建等级制度的影响所致,具有明显的等级特征。

数量众多的支祠和童氏房派的发展有密切关系。支祠的祠名往往突出某一房派的某位祖先,常用他的名、字或号作为祠名。前童的32座支祠分别是俨思祠、司牧祠、追远祠、世德祠、仁本祠、永思祠、著存祠、崇本祠、维则祠、经义祠、永言祠、爱日堂、三房祠、裕后祠、忠十六公悌九秉一祠、崇德祠、思本祠、思成祠、赍思祠、其新祠、崇礼祠、善继祠、德馨祠、德盛祠、报德祠、栅下祠、孝二公祠、六义士祠、方公祠、孤魂祠、孝女祠、许家祠。众多支祠体现了童氏房派的祖源信仰、祖先崇拜和伦理意识,反映了不同时期的宗教信仰及风俗习惯,成为研究当时地方政治、经济及社会变迁的珍贵资料。

著存祠位于前童古镇双桥村,坐北朝南,南面是较为开阔的天井,占地面积为113平方米,由童氏悌四秉一太公修建。《宁海塔山童氏谱志》记载着齐周华写的《著存祠记》,如图4.23所示。著存祠属于明代建筑,也是比较重要的支祠。著存祠为三开间单檐建筑,面

第 4 章
前童古镇的历史建筑及遗迹

宽 12.1 米，进深 9.5 米，布局严谨，空间合理。结构主体采用抬梁穿斗混合式木构架结构，硬山顶，七檩五柱，柱础呈鼓状，是明中期的典型风格，如图 4.24 所示。梁枋之间的柁墩形状如斗拱，梁枋上阴刻的纹饰图案线条流畅，雕刻工艺细腻考究。据史料记载，著存祠曾经办过学堂，解放时期还曾作为面粉加工厂使用，具有一定的历史价值。

永思祠也位于双桥村，与著存祠相距不过百米。永思祠坐北朝南，南侧的天井较为宽阔，属于清代建筑，如图 4.25 所示。现仅存一座正殿，占地面积 163 平方米，是童氏悌四忠五房派的支祠。永思祠平面呈长方形，宽 18.3 米，进深 8.9 米，是三开间带二弄的单檐建筑。永思祠规模较小，其结构主体为抬梁穿斗混合式木构架结构，硬山顶，具有一定的历史价值。

图 4.23 《著存祠记》

图 4.24 著存祠

图 4.25 永思祠

4.2
明清建筑风格的传统民居

中国传统民居建筑在发展与演变过程中,无论是构造形式还是装饰艺术风格都有了较大的改变。不同地区的建筑由于受到经济环境、人文环境和自然环境等因素影响,形成了各具特色的传统民居建筑,这是研究我国历史文化的宝贵的实物资料。传统民居建筑受封建礼制束缚少,所以建筑形制和格局都比较灵活,由宅院主人根据建筑的使用功能和自身的经济实力来营建。

塔山童氏以同姓共祖为主要特征,宗族成员之间具有紧密的血缘关系,表现出很强的凝聚力、亲和力及对宗族组织、宗族文化的认同,由此维系着整个村落结构的稳定和发展。在这种传统社会中,"家"是一个相对封闭的空间,"独门独院"的宅院形制体现了单个家庭的独立性。传统民居建筑的空间关系与建筑布局形式,自然形成了外部与内部的隔断(史源,2014)。公共交往活动集中在外院,内院则是家眷的活动空间,一般人不得随意进入。这种相对封闭的宅院形制,体现了家庭长幼有序、男尊女卑的封建礼仪规范,以及由此所折射出的人文思想、伦理道德,在当时起到了规范建筑空间的作用。

前童古镇至今还保留有1200余间明清传统民居,大多数宅院保存较好。对于部分已倒塌或严重损坏的宅院,当地政府正在积极重建或修复。前童古镇虽然不如晋商豪宅那般高大雄伟、气势恢宏,也没有江南园林那般精致典雅,但却充满田园和乡土气息,还有那淳朴民风中所蕴含的对生活的热情,尽情演绎着耕读传家的文化与历史。为了创造舒适而又安全的生活环境,也为了显示家族的财力,这些宅院都使用当时最好的材料,邀请当地技艺最好的工匠,从宅院布局、建筑形象、装修装饰各方面精心构思和营建。明清传统民居是前童古镇最重要的组成部分,承载了村民日常生活的点点滴滴,记录了最纯朴的民间生活。它是反映当地经济、文化程度的一面镜子,更是一个村庄历史变迁过程的缩影。

前童古镇的明清传统民居分为两大类。一类民居是以群峰簪笏、职思其居、明经堂等为代表的三合院或四合院,被当地人称为"道地"。二层重檐顶的四合院,又被当地人称为"四檐齐"。这种建筑格局严谨规整,主次分明,错落有致,富有变化和韵律美。室内装修古朴典雅,以素面木雕为主,雕工精细,装饰纹样丰富多变。建筑材料主要采用当地常见的砖、木、石等材料,屋顶则用青瓦叠置而成。宅院外墙粉刷白灰,由于年代久远,部分外墙的白灰已经剥落,裸露着青黑色的砖块,色彩虽然有些黯淡却更显质朴。风格独具的门楼、门屋,高耸的五山马头墙,雕工精美的石花窗,山墙上的灰塑文字，处处彰显着塔山童氏耕读传家和江南儒镇的风采。另一类民居主要是南大街两侧以商住为主的单体建筑，形制简单，经营着餐馆、工艺品店、咖啡馆、非遗展览馆等。

合院建筑的正屋大多为三开间，略高于两侧厢房，一楼居中开间的正屋被当地人称为堂前，主要用于聚会、待客、祭神、拜祖、婚丧嫁娶等公共活动，如图 4.26 所示。堂前开间比其他房间大，向天井敞开，不设门窗，更有利于堂前的采光通风。部分堂前两层通高，更显气派。靠堂前后墙放置做工考究的长条几案或八仙桌，沿两侧板壁墙布置太师椅、茶几等。书香门第常为自己的宅院取名为某某堂、某某宅，刻着堂名的石制匾额镶嵌在院门上，木制匾额则常挂在院门上或堂前。每逢节日，八仙桌移到堂前正中位置，桌上摆上各种祭品，家人对着桌上的祖先牌位行礼，或将供桌移到前檐廊下，在堂前朝天井祭拜天地神仙。

图 4.26　好义堂的堂前

正屋次间被当地人称为东西大房，是宅院主人的居室。东西大房的门直通堂前，常用 1.2 米宽的双扇木板门或 1 米宽的单扇木板门，板门没有雕花和镂空，显得比较古朴。窗户朝向天井，窗棂图案较为繁杂，多为花卉、动物、人物等吉祥图案。正屋前加设一步前檐廊，部分宅院的厢房也加设一步前檐廊，起到遮风挡雨、增加空间层次的作用，同时也是茶余饭后交流感情的场所。东西大房地面用架空木地板，而堂前和前檐廊用三合土地面，由于年代久远呈黝黑色。好义堂的堂前、前檐廊（图 4.27）和天井地面都用规整的石板铺设,在前童古镇属于比较罕见的地面装饰。正屋楼上是卧室或储藏室。卧室内放置床、五斗橱、红板箱、靠背椅、长凳等家具,储藏室则主要堆放谷物、粮食和其他物品。

两侧厢房通常各为三开间,有些宅院的厢房为三开间带一弄,居中开间也称为"小堂前"。"小堂前"常设双扇隔扇门,其他房间设隔扇窗。隔扇门在宋朝称为"格子门",是安装在柱间用于分隔室内外的门。隔扇门窗不但极大地改善了建筑的采光和通风,又因为格心可随意变化,使建筑立面变得更加丰富,对建筑起到画龙点睛的作用。隔扇门窗雕刻精美,福禄寿喜、梅兰竹菊等题材较为常用,还有人物故事画、花鸟鱼虫等题材,具有较高的艺术价值,如图 4.28 所示。古镇宅院的厢房以二层居多,而前童民俗博物馆的厢房为一层。

图 4.27　好义堂前檐廊　　　　　　　　图 4.28　隔扇窗样式

天井主要起到采光、通风、排泄雨水的作用,它的规模由正屋、厢房的宽窄决定。有些天井因地制宜地设在后院或者偏院,但较为狭窄,可以防止夏季曝晒,保持房屋荫凉。天井四周的房屋常用双坡屋顶,后院和偏院建筑有时采用单坡屋顶,但必然有一个坡屋面朝向天井。屋面相交之处用天沟泄水,并在天井的四角各设置一只大水缸,通过导管将从屋面流下来的雨水汇集注入水缸,可以解决日常生活用水和用于防火,因此也有了"四水归堂"之说。

厨房是合院建筑中不可缺少的重要组成部分,它与人们的日常生活关系十分密切,所以在民间有"无厨不成堂"的说法。厨房除了要做一日三餐之外,还要堆放柴草、腌菜、磨黄豆、做年糕、酿米酒等。当地人把正屋的稍间作为厨房和餐厅,也称为"畏下间"。"畏下间"一般设有一个砖砌的三眼灶,供烧开水和煮饭使用。大锅煮猪食,中锅烧饭、煮面,小锅炒菜,中小锅备有羹杠,用来蒸小菜。灶门口留有火塘,俗称"锅灶堂",起到保留火种或防止柴禾起燃的作用。有些宅院由于宅基地较大,常利用宅院四周零零散散的地块,紧挨着宅院一侧修建单层建筑作为厨房,并设门连通宅院。有些宅院后面加建小屋作为猪舍、柴仓或厕所,当地人称为"后拔步"。

4.2.1 县级文物保护点——群峰簪笏

群峰簪笏位于古镇惠民路二号,系清乾隆年间举人童桂林所建,如图 4.29 所示。因宅院台门两侧墙上各镶嵌着一个直径约 30 厘米的青瓷盘,瓷盘内绘有五只蝙蝠围绕着中间"寿"字的图案,因此又被称为"五福临门"宅。

图 4.29 群峰簪笏南立面

据《宁海塔山童氏谱志》记载,宅院主人童桂林酷爱读书,他父亲生前曾教导他"吾昔所望于汝者,在读书;今所望于汝者,在承家。家之兴惟汝贤,家之替亦惟汝过"。于是他谨记父亲教诲,重新组合大家庭,一人担当两家之责。他秉承耕读传家理念,刻苦学习,寝不敢寐,终于考中举人。童桂林十分重视教育,效法"孟母三迁",将宅院建在书院"尺木草堂"旁边,就是希望子孙勤奋好学、考取功名。

图 4.30　群峰簪笏航拍 1

图 4.31　群峰簪笏航拍 2

群峰簪笏规模虽然不大，但以建筑风格独特、装饰工艺考究著称。群峰簪笏面宽 28.3 米，进深 22.2 米，建筑面积约 1100 平方米。宅院坐北朝南，由倒座、天井、东西厢房及正屋组成，呈对称布局，是一座典型的浙东风格四合院，也是"四檐齐"宅院，如图 4.30、图 4.31 所示。2000 年，群峰簪笏被列为县级文物保护点，2017 年列入县级历史建筑。

宅院两侧山墙用灰塑工艺分别写着"群峰簪笏""清流映带"等文字，其态行云流水，其意境清新隽永。簪笏是冠簪和手版的统称，暗喻官吏、官职、仕途。在此重峦叠嶂之间，宅院主人寄希望于后代子孙能刻苦读书，走上仕途，这也是古人常说的"学而优则仕"。"清流映带"出自书圣王羲之的《兰亭序》："此地有崇山峻岭，茂林修竹，又有清流激湍，映带左右。"宅院处在南有白溪、北有梁皇溪、八卦水系环绕的前童古镇，清澈的流水滋养着这片土地。映带是官服上的一条玉带，寓意为官或者仕途。寥寥几字，就把宅院优越的自然环境展现在人们面前，也暗示了宅院主人对子孙的殷切期望。

东、西厢房的五山马头墙形态高低错落、跌宕起伏，体现了宅院山墙独特的韵律。马头墙形似五座山峰，故名五岳，民间把这种马头墙形式称为"五岳朝天"，于是五山马头墙也成为官宅和富户宅邸的象征。马头墙尖角上塑有跃鱼、飞龙，形态奇特优美，寓含"鲤鱼跳龙门"之意,表达了宅院主人求富贵、求发达的美好愿望,如图4.32所示。另外,当地人认为跃鱼、飞龙都与水有关系,将这些吉祥物装饰在马头墙上也能起到防火、消灾、镇宅的作用。宅院山墙、后墙上还装饰着很多纹样丰富、雕刻精美的石花窗,体现出古代工匠精湛的雕凿技术。

图 4.32 群峰簪笏马头墙上的跃鱼、飞龙

正屋为重檐硬山顶二层建筑，坐北朝南，面阔五开间带二弄，如图4.33所示。正屋及东、西厢房加设一步前檐廊，前檐廊的月梁、牛腿、雀替等建筑构件上雕刻着各种装饰纹样，十分精致。堂前面宽3.1米，相比其他宅院略窄，堂前两侧的房间为主卧室，主要供家中长辈居住。东、西厢房各为二层三开间带一弄，左右对称布局，如图4.34所示。倒

图4.33 群峰簪笏正屋

图4.34 群峰簪笏东厢房

第 4 章
前童古镇的历史建筑及遗迹

座三开间带二弄,为单檐硬山顶一层建筑,中间设 3.1 米宽的台门,如图 4.35 所示。宅院共有四部主楼梯,设在正屋和东、西厢房的弄堂里,另有四部室内小楼梯位于东、西厢房内。宅院四周留有可供行人通行的小巷,如图 4.36 所示。六扇小门分布在建筑四周,北侧小门直通童衍方艺术馆新馆。

图 4.35　群峰簪笏倒座

图 4.36　群峰簪笏主入口的小巷

95

图 4.37 隔扇窗

在整个建筑中,最引人注目的莫过于隔扇门窗上镌刻的各种纹样。人物故事、山水花鸟、几何图案等都是门窗纹样的常见题材,题材丰富且寓意深刻,体现了宅院主人注重家教、以文育人的理念,如图 4.37 所示。正屋隔扇窗的绦环板上镌刻着《朱子家训》的文字和人物故事画。东次间左扇面的绦环板上刻着洒扫庭院的妇人,并辅以朱柏庐的治家格言"黎明即起,洒扫庭除,要内外整洁",右扇面的绦环板上刻着秉烛夜读的书生,配文"既昏便息,关锁门户,必亲自检点",如图 4.38 所示。西次间左扇面的绦环板上刻着官员正在表彰牵牛的农夫,配文"一粥一饭,当思来处不易",右扇面的绦环板上刻着摘桑养蚕的女子,配

图 4.38 东次间隔扇窗绦环板纹样

文"半丝半缕，恒念物力维艰"，如图 4.39 所示。上述种种都显示了宅院主人治家育人的良苦用心。隔扇窗的各类构件及雕版上刻着牡丹、葡萄、石榴、莲蓬、荷藕、玉兰花等植物，也有螳螂、春蚕、蝴蝶、蚱蜢等动物，形象逼真而生动，如图 4.40 所示。

图 4.39　西次间隔扇窗绦环板纹样

图 4.40　隔扇窗的装饰纹样

台门顶设拱轩，门簪上雕有"葵心向日"四个字，挑檐枋上雕松枝。拱轩木梁两端各有一只展翅欲飞的凤凰装饰，支撑拱轩的海马虹梁也是当地木结构梁的特色形态。台门两侧镶嵌着"五福捧寿"图案的青瓷盘，门柱上雕有两只憨态可掬的倒挂镇宅狮子，分别代表着"太师和少师"，寓意"事事如意"，如图4.41所示。台门前是一条4米宽的鹅卵石路面，天井用鹅卵石铺设，装饰着铜钱和鲤鱼等图案，和整体建筑布局融为一体，意蕴吉祥。

图4.41 群峰簪笏台门及建筑细部装饰

第4章 前童古镇的历史建筑及遗迹

随着前童古镇的保护开发,当地政府充分挖掘古镇名人、乡贤的事迹,为古镇的可持续发展注入新的活力。群峰簪笏已被改建成童衍方艺术馆,又在其北侧的空地上修建了童衍方艺术馆新馆,如图4.42、图4.43所示。通过查找史料,童衍方艺术馆新馆位于书院"尺木草堂"的旧址,新馆延续了前童"石基、砖墙、黛瓦、石窗"的建筑风格,与古镇融为一体。艺术馆内陈列着童衍方先生创作并捐赠的书画、篆刻、紫砂壶、砚台等艺术精品,以及他的弟子们捐赠的艺术作品。童衍方艺术馆充分发挥了艺术资源的优势,不仅有利于地域特色文化的展示和交流,更有利于前童古镇的文化传播,促进文化和旅游产业持续发展。

图 4.42 童衍方艺术馆

传统聚落的空间特征解析与传承：
以前童古镇为例

图 4.43　童衍方艺术馆新馆
注：童衍方，1946 年出生，浙江宁海人，号晏方。擅长书法篆刻，亦擅写意花鸟。师从著名书画篆刻家来楚生先生。现为西泠印社副社长、国家一级美术师，中国艺术研究院中国篆刻艺术院研究员，上海中国画院画师，上海书法家协会副主席，上海书法家协会篆刻委员会主任。精鉴赏，好收藏，著有《童衍方印存》《童衍方书法篆刻集》《篆刻刀法常识》《中国画名家作品真伪——赵之谦》《海派代表篆刻家系列作品集——来楚生》等。童衍方一直从事金石书画艺术创作，尤其对金石文化艺术的研究与书法篆刻艺术的创新探索乃是当代领军人物。作品艺术风格鲜明，具有雄强、朴茂、刚健的个人风格。

第 4 章
前童古镇的历史建筑及遗迹

4.2.2 县级文物保护点——职思其居

前童古镇留存下来的众多明清古建筑中,职思其居是最有特色的古宅之一。从西侧牌楼进入前童古镇,沿着南大街向东行进不足百米,就到了一个小巷,里面有一座古色古香的门楼,上书"西邨"二字,邨即村,如图 4.44 所示。穿过门楼就是职思其居,图 4.45 所示。

图 4.44 "西邨"门楼

图 4.45 职思其居航拍 1

职思其居位于古镇南大街五十弄二号,建于清中期。据史料记载,清朝嘉庆年间举人童桂林的长子童汝宽任武义县训导时,将群峰簪笏宅院礼让给其三弟。他另建宅院作为省亲和养老使用,并在台门的门额上镌以"职思其居"四个字,宅院因此得名,是典型的书香门第、诗礼之家。"职思其居"出自先秦《诗经·唐风·蟋蟀》:"无已大康,职思其居",寓意勿忘本职工作。职思其居宅院虽然比较小巧,却因风格别致、装饰工艺精美,具有一定的历史和艺术价值。职思其居于 2000 年被列为县级文物保护点,2018 年列入县级历史建筑。

职思其居面宽 27.2 米,进深 29.0 米,建筑面积约 1030 平方米,占地面积 789 平方米。宅院坐西朝东,是一座由倒座、天井、南北厢房及正屋等组成的四合院。整个宅院分为两层,俗称"四檐齐"。正屋重檐硬山顶,面阔五开间带二弄,实为明三暗二布局。正屋堂前宽 4.5 米,比其他房间略宽,次间是卧室。倒座、正屋及南、北厢房都加设一步前檐廊,

101

图 4.46 职思其居航拍 2

使整个院落显得比较开阔。南、北厢房面阔三开间,室内各设一部楼梯通至二楼。倒座七开间,居中为主入口,两侧室内各设一部楼梯,右稍间已废弃。天井位于庭院中部,南北宽约 10 米,较为方正,可确保朝向天井的每个房间都有很好的采光通风。整个院落平面规整而又紧凑,布局合理,与周围环境和谐统一,成为前童古镇明清古建筑群的重要组成部分,如图 4.46～图 4.50 所示。

堂前是宅院最主要的组成部分,具有承上启下的作用。于是堂前便成为宅院空间处理的中心,也就成了主人精神寄托的场所。职思其居的正屋

图 4.47 职思其居倒座主入口

图 4.48 职思其居正屋

图 4.49 职思其居南厢房

图 4.50 职思其居北厢房

第 4 章
前童古镇的历史建筑及遗迹

东、西次间和稍间均为二层建筑，只有堂前两层通高。堂前三面墙上张贴着数张表彰文人中举的皇榜，虽然年代久远已被破损，但仍依稀可辨，如图 4.51 所示。堂前的三合土地面由于原住户搬迁，使用频率降低，出现青苔，如图 4.52 所示。

朝向天井的房间设置隔扇窗，既可采光纳凉，又能防止蚊虫叮咬。整体建筑风格古朴典雅，集中体现了中国传统民居的精髓与魅力。

天井沿外侧用鹅卵石铺成铜钱状图案，寓意"金钱铺地""财源滚滚"，中间用黑色鹅卵石铺成栩栩如生的梅花鹿，寓意富贵荣华，也与鹿山有一定关联。整个建筑充满着浓浓的生活气息和吉祥愿望，反映出宅院主人的美好愿望。职思其居仅设东侧大门，虽然封闭性和安全性很强，但使用上略有不便。

倒座居中设石库门形式的台门，宽 2.2 米、高 2.4 米，用蛇蟠石石条铺砌而成，其造型古朴典雅、线条流畅自然。台门上有一块"职思其居"的石坊匾额，高 0.7 米、宽 1.2 米，因没有落款，故无法考证年代及题字者。"职思其居"倒过来读即"居其思职"，字虽不大但苍劲有力、寓意深刻。它表达了在外面当官时，就要想到生于斯长于斯的故乡，想到养育他成长的父母。休假返乡时，就要想到自己为官一任，须造福一方的职责。台门顶石条上面刻有"告

图 4.51　职思其居堂前墙上的皇榜

图 4.52　职思其居堂前的三合土地面

103

往知来，一隅可发；未雨绸缪，诗义通达；量入为出，礼言周匝；勤俭成家，唐魏足法；山西宅间，今时气甲"的家训，如图4.53所示。将治家格言和退隐后对人生的思索刻在门楣上，垂教后辈子孙的做法在前童古镇仅此一家。浙东民居常有将家训箴言或绘制于屏风里壁，或刻写在窗扇门扉，或高悬于中堂厅室，警示后代人不要忘记修身律己、明礼诚信、廉洁守责等道理，但如职思其居把家训刻在院门顶的做法，还是比较少见。台门采用卷棚顶，海马虹梁和凤凰形状的梁托设于台门两侧，显得气势非凡，如图4.54、图4.55所示。

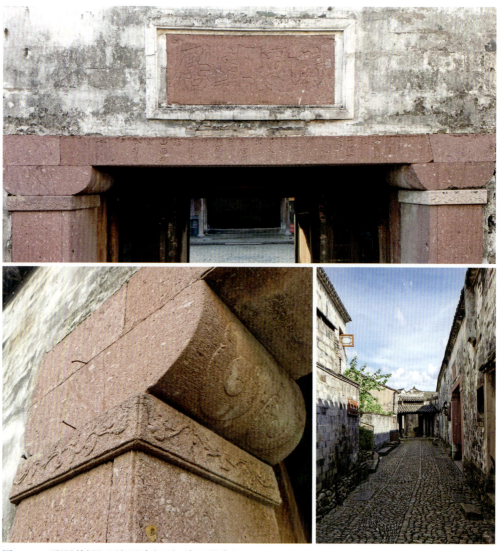

图 4.53 "职思其居"匾额及台门顶石条上的家训

第 4 章
前童古镇的历史建筑及遗迹

图 4.54　职思其居台门的海马虹梁

图 4.55　凤凰梁托

这座宅院还是前童古镇新文化运动的起源地，1905 年塔山童氏在职思其居创办了塔山启蒙学堂，即现在前童镇中心小学的前身。塔山启蒙学堂因学风好而吸引了周边村落的儿童前来就读。"宅好人旺"是千百年来中国人对于住宅文化的一种追求，从辩证的角度分析，住宅应以藏风聚气为特色。风水与地理选址相结合，形成了独特的住宅文化，这也使职思其居人才辈出。清末至民国初年，职思其居出了三位秀才、四位县令、十多位贡生举人，以及十余位留学生、研究生、大学生。随着当地教育事业的发展，1912 年成立了塔山小学，塔山启蒙学堂也就不再使用。塔山小学后来更名为前童镇中心小学，如今已是颇具规模的现代化小学。

4.2.3　县级文物保护点——明经堂

明经堂又称狮子明堂，位于古镇鹿山村南大街五十弄八号，与职思其居毗邻，建于清朝道光年间，是一座典型的浙东风格书院建筑。明经堂距今已有约 200 年的历史，为研究我国古代书院发展史和清朝浙江地区教育发展状况提供了不可或缺的实物资料。明经堂坐北朝南，对称布局，由倒座、天井、东西厢房和正屋组成的重檐四合院，如图 4.56、图 4.57 所示。明经堂于 2000 年 4 月被列为县级文保点，2018 年列入县级历史建筑。

明经堂面宽 28.3 米，进深 22.2 米，建筑面积约 1151 平方米，占地面积 714 平方米。书院整体布局严谨有序，空间布局合理，室内装修古朴典雅，具有很高的艺术价值。正屋面阔五开间带二弄，堂前居中悬挂着一块古香古色的木制匾额，上书"敦伦凝道"。此匾是宅院主人亲笔所题，反映了宅院主人的道德修养和处世态度。匾额下方是雕工精细的挂落，中间一块绦环板上刻着"和气致祥"。"和气致祥"语出东汉班固《汉书·刘向传》："和气致祥，乖气致

传统聚落的空间特征解析与传承：
以前童古镇为例

图 4.56　明经堂航拍

图 4.57　明经堂正屋

异。"寓意和合相谐、和睦共处，告诫后人应保持乐观的心态，不要因为个人恩怨而影响家庭和睦和社会稳定。次间的隔扇窗雕刻着祥禽瑞兽，线条流畅，具有很高的艺术价值。屋顶有砖灰堆塑的脊饰，是道家的太极图，又称"阴阳双鱼"（图 4.58），该纹样反映了书院期望就读此地的子弟能鱼跃龙门、步入仕途。当地人认为阴阳双鱼能调节阴阳，具有防火作用。

第 4 章
前童古镇的历史建筑及遗迹

图 4.58　阴阳双鱼

正屋和东、西厢房加设一步前檐廊，前檐廊下的海马虹梁、挂落、雀替、牛腿等建筑构件非常精美，上面雕刻着多种纹饰，如图 4.59 所示。题材包括三英战吕布、八仙过海等传统故事和民间传说，反映了前童工匠高超的木雕工艺。数量众多的石花窗装饰在宅院外墙（图 4.60），尤其是主入口附近一楼的"马上封侯"石花窗，与明经堂的书院宗旨不谋而合。二楼石花窗形式与窗台栏杆相同，纹样以福禄寿喜等为主题。无论是木雕还是石雕，都是古代工匠对建筑功能与形式

图 4.59　明经堂的雕梁画栋

传统聚落的空间特征解析与传承：
以前童古镇为例

图 4.60　明经堂外墙的石花窗

的巧妙构思，反映出那个时代的审美情趣和工艺水平。

东、西厢房各为三开间，居中一间设双扇隔扇门和两扇固定隔扇窗，次间各设一扇隔扇窗，如图 4.61 所示。东厢房隔扇门的绦环板上有两幅精美的图案，与群峰簪笏隔扇窗的绦环板表达形式相似。左边门扇刻着两位古人，文人坐着品茶读书，家仆在边上服侍，居

图 4.61　明经堂东厢房

中刻着"斗滔咛经百篇,诗家眷属滔家卷"的诗句。右边门扇也刻着两位古人,书生站着读书,侍童拿着蒲扇正在扇风,居中刻着"风动临烁扇,风清人夜瑟"的诗句,如图 4.62 所示。这是清朝道光年间修建宅院时留下的历史印记,表达了当时文人的生活情趣和美好愿望,具有较高的艺术价值。

图 4.62　隔扇门绦环板纹样

倒座五开间,居中开间设 2.7 米宽的台门。倒座的牛腿别具匠心,每条牛腿正、反面各雕刻着一位神仙,组成了八仙,意喻八仙过海、各显神通,如图 4.63 所示。倒座东侧马头墙有七山,是前童古镇唯一的七山马头墙,有"万马奔腾"的视觉动感,也喻示着书院生机盎然、欣欣向荣,暗合在此求学的学子都有大好前程。错落有致的马头墙使原本呆板的山墙具有别样的动态美,如图 4.64 所示。

图 4.63　倒座牛腿上的八仙过海图案

图 4.64 明经堂的马头墙

明经堂仅有南侧道路可供通行,其余都与其他建筑相邻。宅院共有四部楼梯,设在倒座和东、西厢房的室内,呈对称布置。因天井地面用鹅卵石铺成"狮子滚绣球"图案,所以明经堂又称为狮子明堂。建筑总体布局完好,雕刻精美,是当地典型的私塾式建筑之一,有很高的保存价值与艺术价值。

当地人称台门为"车门",如图 4.65 所示。居中悬挂着一块道光皇帝钦赐的黑底金字木制匾额,上书"明经"二字,苍劲有力。此匾额由当时的"浙江全省学政"设立,如图 4.66 所示。台门两侧的墀头墙上各有一个灰塑匾额,分别刻着"礼义""孝悌",如图 4.67 所示,显得庄重典雅且有书卷气。礼义、孝悌既是儒家道德准则,也是塔山童氏的辈分排序。

图 4.65 明经堂台门

图 4.66 "明经"匾额

图 4.67 明经堂"礼仪""孝悌"匾额

4.2.4 县级文物保护点——好义堂(戒烟所)

好义堂又名"戒烟所",位于前童大祠堂西侧,院落布局严谨有序,属于民国时期的建筑风格,现已修缮。

好义堂属典型的四合院,面宽 23.5 米,进深 20.4 米,建筑面积 779 平方米,占地面积 485 平方米。宅院坐东朝西,沿中轴线依次布置倒座、天井、厢房、正屋。正屋和厢房是二层建筑,正屋比厢房略高,倒座是一层平房,如图 4.68~图 4.71 所示。

图 4.68　好义堂西立面

图 4.69　好义堂航拍 1

图 4.70　好义堂航拍 2

图 4.71　好义堂北立面

　　正屋为重檐硬山顶，面阔三开间带二弄，堂前面宽 4.1 米，居中悬挂着一块黑底沥金的横匾，上面写着"急公好义"四个字。堂前摆放案几、八仙桌、太师椅等，右侧板壁墙挂着原宅院主人童宏曹画像，另有多幅字画挂于板壁墙，如图 4.72 所示。正屋加设

第 4 章
前童古镇的历史建筑及遗迹

图 4.72　好义堂堂前

一步前檐廊，使得檐下的空间富于变化，成为茶余饭后极佳的交流空间。前檐廊的海马虹梁（图 4.73）、牛腿、雀替等非常有特色，传统民间人物、神仙、瑞兽、动植物等形象逼真、寓意美好，具有很高的艺术价值。尤其是前檐柱上的牛腿，雕刻着两只口含衔芝的仙鹿图案，栩栩如生，是宅院的点睛之笔，也与鹿山遥相呼应，如图 4.74 所示。

图 4.73　好义堂前檐廊的海马虹梁

图 4.74　牛腿上的灵芝仙鹿图案

传统聚落的空间特征解析与传承：
以前童古镇为例

厢房均为三开间带一弄，重檐硬山顶二层建筑，室内各设一部楼梯通至二楼，如图 4.75 所示。南、北厢房明间用团寿棂心，北厢房槛窗用软棂条和寿星骑鹿棂心。倒座三开间居中设院门，单檐硬山顶平房，如图 4.76 所示。台门朝西，额枋上有四枚无字门簪，较为朴素，如图 4.77 所示。除了正屋大门外，仅有正屋稍间设有一扇小门，既增强了整个宅院的私密性，又方便使用。

图 4.75　好义堂北厢房

图 4.76　好义堂倒座

图 4.77　好义堂台门

天井为长方形，用砂岩石红石板错缝铺设。阶石和堂前地面也用石材铺设，这与前童古镇其他宅院用鹅卵石地面或三合土地面不同，也显示出原宅院主人的雄厚财力。

宅院北、东、西侧均临路，南侧与其他民居相邻。好义堂以其严谨的建筑布局、巧妙的结构和高超的技艺，于 2000 年被列为县级文物保护点，2018 年列入县级历史建筑。

原宅院主人童宏曹（1884—1957），字远洲，民国时期的副乡长，由于他乐善好施，在当地颇有名望。当时鸦片荼毒乡里以至于妻离子散、满目荒凉。童宏曹不忘国家忧患，为给染有鸦片毒瘾之人戒烟除毒，毅然决定在自己宅院建立"戒烟所"，并且无偿提供食宿，还常给人介绍一些戒治方法，从而名声大振。1933 年，知县李涵夫为褒扬其义举，特赐"急公好义"牌匾，此宅因此而得名。

好义堂是一处革命纪念地。解放战争时期，解放军 21 军 61 师师长胡炜（开国少将）的指挥所就坐落在这座宅院内；好义堂还是当地地下党的重要活动场所，板壁上留存着用红漆书写的 1947 年毛泽东在《目前形势和我们的任务》中的主要论述"政策和策略是党的生命，各级领导同志务必充分注意，万万不可粗心大意"，如图 4.78 所示。

图 4.78　好义堂板壁上留存的文字

4.2.5　"江南第一雕花大楼"——泽思居

泽思居坐落在前童古镇鹿山村花桥街上，坐北朝南，正屋和东、西厢房的马头墙巍峨耸立，是一座典型的明式建筑，如图 4.79 所示。

泽思居并不是前童古镇的宅院。2002 年有位民俗收藏者发现丽水市松阳县有座"宰相府"，于是花重金购买，将这些精美的雕刻艺术品拆下，运到前童古镇进行异地重修保护。前童工匠将这些拆下来的构件组合成泽思居的梁柱、墙壁、前檐廊，使之成为一座风格独特、工艺精湛的传统民居建筑，并焕发出新的光彩。

图 4.79　泽思居航拍

泽思居又被称为"宰相府",只因原宅院主人官居一品,但尚无人了解他的真实官职和家世背景。关于泽思居的传说也是众说纷纭,至今仍然没有查证到相关文献记载的该宅院的历史年代及其背后的故事。尽管这座宅院富丽堂皇、玲珑剔透,但它与古代宰相府的形制还是有较大区别的。泽思居因其精湛的雕刻工艺,对于人们认识我国古建筑艺术的发展有着重要意义,有助于人们从文化角度理解我国传统建筑美学思想中蕴含的丰富内容。

泽思居正屋(图 4.80)三开间带两弄,七檩五柱,堂前开间 4.7 米,硬山顶,堂前居中悬挂着"佑启后人"的匾额。正屋虽然为一层建筑,但两侧山墙比前童古镇其他宅院看起来高大,山墙上镶嵌着数个石花窗。但从马头墙的风格来判断,与前童古镇特有的台州式马头墙在形制上有差距,泽思居马头墙更接近徽派建筑马头墙。图 4.81 所示为泽思居马头墙,图 4.82 所示为泽思居山墙的石花窗。

图 4.80 泽思居正屋

图 4.81 泽思居马头墙

第 4 章
前童古镇的历史建筑及遗迹

泽思居东、西厢房均为二开间带一弄,二层建筑,外设走廊,但东厢房进深较浅,为单坡屋顶。倒座为三开间一层建筑,西、南两侧有天井。宅院主入口(图4.83)在南侧小巷内,院门朝东开设,是一座高大的砖雕门楼。次入口从西侧花桥街进入,通过小桥到达院门。宅院室内地面用石材铺砌,天井用鹅卵石铺成"双狮戏球"的图案。南侧院墙内外分别有狮子和麒麟的砖雕(图4.84),气势宏伟,但与前童古镇古朴、低调、典雅的气质不太协调。

图 4.82　泽思居山墙的石花窗

图 4.83　泽思居台门

图 4.84　院墙外砖雕

泽思居正屋放置着从各地搜集来的明清家具及其他木构件,其中不乏精美的木雕作品,装饰纹样体现出浓郁的江南特色,如龙凤、喜鹊、仙鹤、牡丹、荷花等。整座宅院可谓"无梁不雕、无雕不精",故有"江南第一雕花大楼"之称。雕刻繁复是这座宅第

117

的最大特色，每一个细微之处，皆为工艺品，如图 4.85 所示。堂前大梁上刻有"四仙迎宾"的民间故事，体现了宅院主人的待客之道。东次间大梁上刻有五只仙鹤，暗喻"五岳朝天"的抱负。西次间梁上有一幅"百鸟朝凤"的图案，可以看出宅院主人有较高的社会地位。正屋匾额上的"俾炽而昌"四字，出自先秦奚斯《鲁颂·閟宫》："俾尔炽而昌，俾尔寿而臧"。"俾尔炽而昌"即欣欣向荣，如正午之阳光永盛不衰。此字多见于古代官宦人家府邸匾额上，代表吉祥祝福，也可以看作宅院主人为人低调的体现，如图 4.86 所示。

图 4.85　泽思居的雕梁画栋

图 4.86　"俾炽而昌"匾额

4.2.6 建筑遗存——大夫第遗址("欣所寄宅")

大夫第遗址又称"欣所寄宅",位于石镜山路一条幽静的小巷内,小巷的两端各有一座台门(图4.87),宅院显得格外宁静。

大夫是我国古代的重要官阶名称之一,早在周朝就有关于大夫的记载。《周礼·天官》中载有:"司土之官曰大夫,掌六州之地。"文官大夫为从五品及以上官员,大夫第就是指文职官员的私宅。大夫第是奉直大夫鲁岩公在清乾隆末年修建的,是一座典型的四合院,占地600多平方米,布局严谨,造型古朴。院内挂着一块"大夫第"的匾额,据史料记载,"大夫第"三个字是由清咸丰年间的军事重臣、时任江浙总督的左宗棠亲笔题写的。正屋堂前前檐廊柱上装饰着倒挂狮子和瑞鹿图案,隔扇窗雕工细致考究,两侧马头墙上有"瑞兆鹿鸣""花簪宾兴"文字。由于宅院面向鹿山,装饰图案多处以鹿为题材。大夫第遗址的门楼(图4.88)朝西,巍峨壮观,砖雕、灰塑点缀其间,石刻"欣所寄"匾额镶嵌在门楼上,部分已经破损。遗憾的是,大夫第在1999年12月遭火灾焚毁,只剩下门楼依稀可辨当年风貌,四周残墙仍然矗立着,庭院已废弃,如图4.89所示。《黄帝宅经》认为"人

图4.87 大夫第遗址台门

图4.88 大夫第遗址门楼

因宅而立，宅因人而存"，其中一个重要原因就是宅院选址和建筑布局对人们生活的影响。大夫第后人童建侯曾任民国初年宁海县第一任县长，其子童中止为前童第一位共产党员。

图 4.89　大夫第遗址

4.3 其他历史建筑及遗迹

4.3.1 记录历史的前童民俗博物馆

前童民俗博物馆又称前童大民居,建于民国初年,位于古镇鹿分村双桥二十一号。前童民俗博物馆原是"浙江之蔡锷"童保暄叔父的宅院,抗日战争时期宁波沦陷后,曾作为鄞县县立临时联合中学所在地,接纳流亡学生。1949年后改为粮仓。1999年,前童大民居改建为前童民俗博物馆,它是首家由村民自筹资金兴办的省级民俗博物馆。2005年至2009年,当地政府先后两次修缮前童民俗博物馆,2021年又重新修缮和布展。2010年前童民俗博物馆被宁波市文化广电旅游局评为"宁波市非物质文化传承基地"。

前童民俗博物馆坐北向南,是一座由正屋(图4.90)、东西厢房和天井组成的三合院。前童民俗博物馆面宽29.9米、进深25.5米,建筑面积1084平方米,占地面积860平方米,

图4.90　前童民俗博物馆正屋

图 4.91 观音大兜造型的山墙

2018年被列为县级历史建筑。前童民俗博物馆正屋是二层重檐楼房，硬山顶，面阔七开间带二弄，为抬梁穿斗混合式木构架结构。两弄内各设一部狭小的木楼梯直通二楼。

东、西厢房为单檐硬山顶建筑，面阔五开间带一弄。正屋和厢房的山墙均为观音大兜造型，尽显曲线之美，这在前童古镇属于比较罕见的，如图 4.91 所示。正屋及东、西厢房加设一步前檐廊，使整个院落显得较为开阔。为了方便博物馆的使用和管理，改建时在天井南侧沿院墙加设了檐廊。天井较为方正，长宽各约 20 米，是古镇最大的天井，确保每个房间都有很好的采光和通风，如图 4.92 所示。

图 4.92 前童民俗博物馆天井

第 4 章
前童古镇的历史建筑及遗迹

　　天井用鹅卵石拼成"五连环"图案，寓意五连环把塔山童氏五大望族紧紧凝聚在一起。宅院东侧和北侧有巷弄，南侧是小广场，也是用鹅卵石铺设，西侧与其他宅院相邻。院门位于南侧院墙，属随墙门。院门（图4.93）高大气派，三重檐的屋顶更是精致，充分展示了前童工匠砖雕、石雕、灰塑等高超技艺。门顶上的石匾额上题写着苍劲有力的"古豔"（豔为艳）二字，该字由上海书画院原副院长韩天衡题写。

　　从整体上看，前童民俗博物馆体现了传统民居"天人合一"的理念，与当地的历史、地理、人文有着密切联系，具有浓郁的乡土气息。前童民俗博物馆形制规整紧凑、

图 4.93　前童民俗博物馆院门

布局合理、风格古朴，与明清古建筑群融为一体，成为古镇不可或缺的部分。

民俗文化具有物质、精神、社会等价值，承载着中国人的情感和记忆。对美好生活的向往促使我们更加关注家乡的文化与传统，传承乡愁记忆，延续历史文脉。随着前童古镇的发展，前童民俗博物馆以其独特的风格、丰富的馆藏、浓郁的乡土气息成为有活力的文化载体，吸引着众多游客前来游览。前童民俗博物馆是留住"乡愁"、留住"根"的珍贵宝库，通过增强人们对民俗文化的认同感和归属感，进一步弘扬优秀传统文化。

前童民俗博物馆原先陈列着古村历史沿革、社会变迁发展史、古代村民原始生活用品、农耕农具、手工业工具和十里红妆（包括千工床）等珍贵的物品。2021年当地政府对前童民俗博物馆进行重新装修和布展，目前主要展示"五匠"文化和非遗文化（如十里红妆、元宵行会、龙舟雕刻、朱金漆木雕、宁海舞狮），如图4.94所示。这些展品记录了前童古镇的历史演变，是当地人民在长期生产生活中积累下来的宝贵财富，对研究浙东地区的风土人情及农家习俗都有重要意义。

千工床（图4.95）是前童民俗博物馆最为贵重的藏品，它的风格古朴典雅、工艺精湛细腻，具有很高的研究价值和欣赏价值。千工床三面都是可拆卸的雕刻屏风，每一块木雕构件都是一件艺术品。屏风上的狮子、鹿、鹤、马等瑞兽惟妙惟肖，梅兰竹菊等植物花卉活色生香，神话传说或历史典故里的人物更是活灵活现。千工床在宁海"十里红妆"婚庆中占有突出地位，古代富裕家庭都会请手艺高超的工匠在家制作婚嫁的各类家具，其中最重要的就是千工床，据说需要1000个工时才能完成。千工床是古代富裕家

图4.94　前童民俗博物馆室内展示

图 4.95 千工床

庭奢华生活的真实写照，反映了当时人们对物质与精神的追求。它以独特的造型和丰富多样的工艺为我们留下了宝贵的文化遗产，同时也是中国传统手工技艺传承发展的重要载体。

走进前童民俗博物馆，游客不仅可以参观精美的展品，还可以体验地方特色的民俗文化项目。为满足游客多样化、个性化的消费要求，促进旅游业转型升级和可持续发展，前童古镇推出展示当地历史文化和民俗风情为主的非物质文化遗产项目，并积极推进与之相关的旅游开发建设工作。"四月八捣麻糍""船灯舞""把酒舞""舞龙舞狮""阿明讲非遗"等活动令游客印象深刻，"十里红妆"传统婚嫁表演更是令游客流连忘返，如图4.96所示。

图4.96 前童古镇的非物质文化遗产项目

第 4 章
前童古镇的历史建筑及遗迹

4.3.2 唐代慧明寺遗迹——大车门

慧明寺始建于唐初,至今已有近 1400 年的历史。相传慧明寺鼎盛时居住着近百位僧人,拥有数量可观的良田,可见当时非常繁盛。后来 70% 以上的寺院所拥有的良田被周围村民租种,因此在慧明寺周围逐渐形成了后方、前畈陈、周家园、娄家坛、横头叶等村庄。正是这些田地给慧明寺惹下了一桩人命案,导致寺院逐渐走向衰败,乃至无法维持日常开支,最后寺院把资产全部赠送给了以仁义著称的塔山童氏。

如今慧明寺早已不在,但寺庙山门的石门槛、石门枢及铺地的石板等遗迹依然保存较好,当地人俗称大车门,如图 4.97～图 4.99 所示。这片约 30 平方米的空地旁有八卦水系流过,

图 4.97　大车门航拍

图 4.98　大车门遗址 1

127

传统聚落的空间特征解析与传承：
以前童古镇为例

图 4.99　大车门遗址 2

遗留的两块石条成为人们最愿意放松的地方。南大街（图 4.100）沿街商铺的山墙立着一块"慧明寺遗址"石碑（图 4.101），述说着当年的历史，据说是当年寺庙修建时留下的遗迹。

图 4.100　南大街

图 4.101　"慧明寺遗址"石碑

　　寺庙的小北门还保留着两个石门枢，供寺院僧人生活用的水井至今还在正常使用，慧明寺的石鼓、木柱等原物仍保留于前童大祠堂内。

4.3.3 教育遗迹——前童小学原址

古镇南侧有一个宅院叫正德堂,是当地人称为"新校舍"的前童小学原址。正德堂建筑面积 310 平方米,占地面积 181 平方米,于 2015 年改建完成。前童小学原址坐北朝南,现仅存一进五开间楼房,二层设外走廊,砖木结构单檐硬山顶,主楼东西山墙各贴邻二开间的一层附房,如图 4.102 所示。院门设在西侧院墙,属随墙门,石刻"正德堂"匾额镶嵌在院门顶,如图 4.103 所示。2018 年,正德堂被列入宁海县历史建筑。

图 4.102　正德堂主楼

图 4.103　"正德堂"匾额

穿过院门，迎面是一堵高大的照壁，背面刻着唐朝吴兢的《贞观政要·卷二·论任贤》：以铜为镜，可以整衣冠；以人为镜，可以明得失；以史为镜，可以知兴替……

正德堂设三个展区，主要通过图片、文字、影像等方式，介绍塔山童氏先贤在异地或本地为官清廉勤政、爱民奉公、心系家乡、精忠报国的事迹，也展示了从外地到宁海任职的先贤、干部，他们是廉洁奉公、造福百姓、无私奉献的典型，如图 4.104 所示。如今正德堂是宁波市法制教育基地、宁海首家廉政文化教育基地，这里不仅是传承红色基因的重要场所，更是弘扬社会主义核心价值观的生动教材。

图 4.104　正德堂室内展区

1912 年，塔山童氏在前童大祠堂创办了塔山小学。1942 年，在上瑚园即现在的位置建造新校舍，1944 年竣工，塔山小学搬入新校舍，当时共有 6 个班级，大约有 300 人，塔山小学后来改名前童小学。1943 年，中共宁海县工委、西南区工委在塔山小学成立。党员童先林、童衍孝等曾在此任教，他们以教书为掩护，积极开展革命活动，培养和发展一批教师，输送一批进步知识分子赴游击区参加革命工作。

4.3.4　教育遗迹——石镜精舍和方孝孺

石镜精舍建于明朝洪武十三年（1380 年），坐北朝南、依山傍水。明朝大儒方孝孺曾有诗写道："高斋在深谷，侧径防险行。""幽兰霭北牖，脩竹罗前楹。"石镜精舍因位于白溪南岸石镜山下而得名，精舍就是学堂、学校。

《宁海塔山童氏谱志》记载：先祖童伯礼两次聘请方孝孺来此讲学。童伯礼虽然比方孝孺年长 21 岁，但仍以师生之礼待他，因而方孝孺称赞塔山童氏为"诗礼名宗"。由于方孝孺勤于教学，浙江各地的名家子弟纷纷前来石镜精舍求学，包括义乌王絟、浦江郑叔度、宁海郑好义等有史料可以查到的人。由于受方孝孺的影响，塔山童氏无形中形成了耕读并重的传统文化，因此历朝历代人才辈出。明清两代，塔山童氏获秀才及以上功名者 200 多人。方孝孺在石镜精舍讲学期间，撰写了《逊志斋集》诗文集。方孝孺由于靖难之变遇害，石镜精舍也惨遭损毁。但仍有不少历史名人写诗文咏颂石镜精舍和方孝孺，如明朝状元杨守勤，清朝兵部主事葛咏棠、大学者曲园等。

2000 年，各方热心人士资助复建了石镜精舍，如图 4.105 所示。石镜精舍的后山有方孝孺亲手种的六棵柏树，虽历经沧桑，仍枝若虬龙。

图 4.105　石镜精舍

第 5 章 浙东传统民居的建筑特征

陆元鼎在《中国民居建筑》中指出："传统民居的平面布局和环境特征，是该地区社会制度、家庭结构、习俗信仰和生产生活方式在民居中的体现。"本章以前童古镇传统民居为研究对象，以建筑学为理论指导，从多角度对建筑形态、空间格局进行分析和归纳，旨在更好地认识浙东地区明清时期的传统民居。

5.1 浙东传统民居的形制特征

5.1.1 间架制度

唐代诗人杜甫写的"安得广厦千万间"，用建筑学理论分析这里的"间"就是毗连的柱子或墙壁组成的矩形空间。间数越多，建筑面宽越大，则房屋面积就越大。"架"决定了建筑的进深，架数越多，房屋进深越大，则建筑越高大。封建社会统治者为了加强中央集权，建立了一套比较完备的管理制度。《明会典》规定："一品、二品官，厅堂五间九架，门房三间五架；三品至五品官，厅堂五间七架，后堂五间七架，正门三间三架；六品至九品官，厅堂三间七架，正门一间三架。"从这一制度可以看出，中国古代建筑空间具有鲜明的等级制特点。

浙东传统民居的正屋以三开间居多，偶有五开间；居中房间称为明间，用作堂屋、客厅，宽度一般大于两侧房间。由于浙东地区春秋季多雨潮湿、冬天寒冷，明间通常设置六至八扇的隔扇门。明间两侧的房间称为次间，一般作为居室。宁海百姓把正屋的明间称为堂前，而且不设隔扇门，宅院更显宽敞明亮。

5.1.2 平面形制

平面是构成建筑功能最基本的要素之一，既包括单体建筑物，也包括整个建筑群。地理位置、气候条件、生活习惯和宗教信仰的差异，使得各地传统民居形式多样，体现了建筑的地域性。浙东传统民居的平面种类繁多、规模不一，但都具有较强的封闭性。规模较小的宅院，在财力有限的情况下，注重形体塑造和建筑细节。而规模较大的宅院平面布局讲究对称，突出轴线，通常采用两进或者三进宅院布局，使宅院成为有序的建筑群。这些空间关系反映了人们对于自身安全、社会交往、风俗习惯及审美情趣的选择与重视，因此具有明显的时代性和地域性。

1. 一字形平面建筑

一字形平面建筑以间为单位，横向拼成一个长方形的建筑。由于一字形平面建筑可以获得良好的居住条件，因此成为浙东民居比较典型的平面形式。一字形平面建筑以三、五、七开间最为常见，也有九开间及以上的建筑，都采用单数排列。居中开间为堂前，以堂前为中心，卧室、书房、厨房及其他用房依次排列，构成一个完整的院落。宅院以三开间为基础，根据使用功能和地基情况向两翼发展，通过庭院布置营造出空间和环境。一字形平面建筑也是商业建筑比较理想的平面形式，其布局灵活多变、主次分明，形成了良好的空间组织。前童古镇南大街、花桥街的沿街商业建筑大多数属于一字形平面建筑，如图5.1所示。规模较小的支祠也采用一字形平面建筑，如前童古镇的著存祠、崇本祠、永思祠等。

2. L形平面建筑

L形平面建筑又称为二合院，是在一字形建筑的基础上演变而来的，长边通常具有更好的朝向，中间是堂前，两侧为卧室，短边设厕所、仓房、牲畜棚和其他辅助用房。L形平面建筑和院墙围合成院落，既方便实用又安全舒适。L形平面建筑布置灵活多变，便于因地制宜地建造各种不同规模和用途的建筑群。一字形平面建筑的宅院通常在正屋加设一步前檐廊。由于生活需要，可以在其中一端加设与主体建筑垂直的附属用房，从而转换成L形平面建筑。L形平面建筑可以使室内空间得到充分、有效的利用，营造出独特的居住氛围，如图5.2所示。

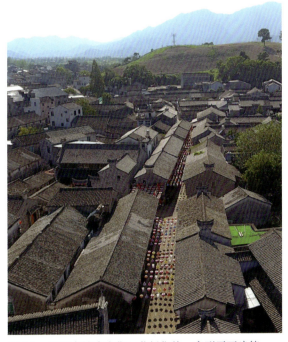

图5.1 前童古镇南大街、花桥街的一字形平面建筑

图5.2 L形平面建筑

3. U 形平面建筑

U 形平面建筑又称为三合院，由三面建筑和一面院墙围合而成。三合院通常坐北朝南，但受地形变化或街巷走向的影响，也有朝东或朝西的情况，但朝北的宅院比较少，如图 5.3 所示。正屋一般三开间或五开间，有时带两弄，加设一步前檐廊。两侧厢房以三开间为主，视建筑规模及场地条件加设一步前檐廊。有时由于用地较小，厢房仅为一间，但仍是典型的 U 形平面建筑。与正屋相对的是院墙，通常在院墙上设随墙门或门屋。三面建筑物围合而成的天井供人们休息、纳凉、娱乐和玩耍，也便于通风采光和排水排污。

4. 口字形平面建筑

口字形平面建筑又称为四合院，是民居形式中具有代表性的建筑形式，布局严谨合理，空间组合灵活多变。四合院是以正屋、东西厢房及倒座为主体，以天井为中心构成的传统民居。它与人们的生产、生活习惯有着密切的关系，浸染着丰富的文化和哲学思想。浙东地区的传统四合院大多是两层砖木结构房屋，正屋的高度略高于厢房和倒座，通常朝天井一侧加设一步前檐廊。由于财力与使用功能的差异，四合院的层数会随之发生变化。有正屋、厢房、倒座都是二层的四合院；也有正屋、厢房为两层，倒座为一层的四合院；还有正屋两层，厢房、倒座均为一层的四合院。前童古镇的明经堂（图 5.4）、群峰簪笏、下堂楼民居就是典型的四合院。

另有 H 形平面建筑、日字形平面建筑、目字形平面建筑、田字形平面建筑等多种形式

图 5.3 U 形平面建筑

图 5.4 典型的四合院——明经堂

的宅院。这些宅院采用简单的三合院或四合院结构，根据不同场地条件和范围，纵向与横向拼接组合形成建筑群，形成二进院、三进院甚至更多，有些还设偏院。从总体看整个建筑群具有明显的轴线关系，各房屋之间相互联系紧密，有主次之分。多进院落讲究宗法观念和家族制度，因而封闭性较好。无论宅院是纵向延伸还是横向发展，宅院的外观仍然非常规整，体现着一个地位显赫家族所呈现出的建筑秩序。

5.2 浙东传统民居的形态特征

5.2.1 山墙形式

中国古建筑的屋顶主要有庑殿顶、歇山顶、悬山顶、硬山顶、卷棚顶、攒尖顶、盝顶、盔顶等形式，庑殿顶和歇山顶是我国传统官式建筑，如宫殿、寺庙中最常见的屋顶形式，这些建筑物通常都比较高大坚固。屋顶的形式不同，使得山墙各有特色，从而形成了风格各异的建筑。屋顶是建筑的主要组成部分，直接影响建筑的整体形态。

山墙位于建筑两端，除硬山建筑外，均止于檐下。按屋面形式的不同，山墙可分为硬山山墙、悬山山墙、歇山山墙三类。浙东地区由于雨水较多，传统民居为了避免墙体被雨水冲刷，常采用悬山顶来保护山墙。随着明朝砖块的广泛使用，山墙逐渐变为硬山山墙。硬山山墙在中国传统建筑中占有重要地位，具有独特的美学特征。

浙东传统民居的结构形式主要采用抬梁穿斗混合式木构架结构，山墙起到承重、分隔、防火和防盗作用。谚语有"山墙扒门必定伤人"之说，可见山墙在房屋安全性中起着举足轻重的作用，也形象地表达了传统建筑抬梁穿斗混合式木构架结构的特征。通过结构力学分析可以知道，我国传统建筑的主梁架在山墙上，因此山墙是承重墙，既要承担墙体荷载，又要承受屋顶和主梁传来的荷载。如果在山墙体上开设洞口较大的门或窗，会使墙体的稳定性和刚度降低，导致墙体倒塌、主梁坠落。因此，在确保证山墙安全的情况下，山墙形式和装饰成为宅院形态的关键。浙东传统民居的山墙主要采用硬山山墙，大体可分人字形山墙、观音兜山墙和马头墙。

1. 人字形山墙

人字形山墙是分布最广泛的山墙形式。它的基本特点是山墙顶部为人字形，呈上部陡下部缓的态势。山墙靠近檐口处用挑檐石或砖层层叠砌，并逐层加高，使它与屋顶的曲线重叠，形成人字形的轮廓。由于人字形山墙高度适中，能抵抗风荷载，所以具有较强的稳定性。人字形山墙分为缓坡人字形山墙和陡坡人字形山墙。北方地区气候干燥少雨，多采用缓坡人字形山墙，尤其在民居中使用得最为广泛。浙东地区降水多，传统民居常采用陡坡人字形山墙，如图 5.5 所示。陡坡人字形山墙顶角角度相对较小，坡度比较陡，出檐多。

前童古镇的传统民居绝大多数采用陡坡人字形山墙，与古镇环境协调统一。数不尽的粉墙黛瓦倒映在八卦水系间，错落有致，形成一幅幅生动美丽的图画。前童传统民居的山墙上往往装饰有图纹精致的石花窗，为建筑增添了丰富的视觉元素。

2. 观音兜山墙

观音兜山墙的形态从下檐口呈曲线向脊部延伸，正中砌筑如意式云头一座，因其形

图 5.5　陡坡人字形山墙

图 5.6　观音兜山墙

状似观音菩萨的披肩式帽,因而被民间称为观音兜或观音大兜,如图 5.6 所示。观音兜山墙高于屋面,内外两侧均需做平出飞砖、铺盖瓦,以增强屋顶整体性并防止雨水渗入。观音兜山墙造型优美,线条圆润,富有动态美。观音兜与佛教思想有着密不可分的联系,因此,观音兜常被作为建筑物上的吉祥符号或象征。观音兜山墙在我国南方地区应用广泛,主要分布于浙江、福建、四川和广东等地,其制作工艺精湛,造型美观,体现了工匠们高超的建造技艺。前童民俗博物馆的观音兜山墙位于正屋及东、西厢房,山墙顶端往两边延伸到墀头之上,呈中间高两头微翘的姿态,气势恢宏,凸显了建筑的地域特色。柏树下养马房的山墙,如图 5.7 所示,也采用观音兜,由于建筑规模较小,观音兜山墙更显得灵动活泼,宛如舞动的音符。

图 5.7 柏树下养马房的观音兜山墙

3. 马头墙

马头墙又称屏风山墙,形如阶梯,中央最高,以对称形式逐阶向两侧降低,墙头多采用两坡顶与甘蔗脊。外观以单数的五山式为主,五山式马头墙也可称为三阶马头墙,同理,七山式马头墙称为四阶马头墙。马头墙因房屋进深不同而山数不同,山数越多,墙体越具美感、节奏感及艺术魅力。层层叠叠、有序跌落的马头墙,反映了空间变化和组合关系,充满韵律美感的特殊形制成为我国江南地区最具代表性的建筑元素。马头墙通常采用灰瓦压顶做成双坡,形成长短不一、层次分明的短墙。各地马头墙在形制上有差别,但是不管是哪一种类型的马头墙都会在每一阶端部略微向上翘起,犹如傲视苍穹的马头,使原本呆板的外形瞬间灵动。它的作用早已超出宅院自身的使用价值,成为历史文化的重要组成部分。

传统聚落的空间特征解析与传承：
以前童古镇为例

图 5.8　台州式马头墙

前童古镇传统民居的马头墙形制与浙东传统建筑的马头墙有所不同，因此又称为台州式马头墙，如图 5.8 所示。台州式马头墙最独特之处在于末端曲线向上，端部塑有草龙、飞鱼等吉祥图案。错落的马头墙层次跌宕，以其静中有动、动中有静的状态带给人含蓄隽永的美感。前童古镇传统居民的马头墙形式多样，有群峰簇笏的五山式马头墙，明经堂倒座的七山式马头墙，也有好义堂、小桥流水宅的一山式马头墙，如图 5.9～图 5.11 所示。

图 5.9　五山式马头墙

图 5.10　七山式马头墙

图 5.11　一山式马头墙

5.2.2 形态丰富的脊饰

我国古代工匠擅于表现和强化建筑之美，通过各种形式的创造活动，使人们心中美好的理想得以具体化呈现。建筑有其实用性与艺术性，同时，它也包含着深厚的思想内容与美学价值，并且在长期的发展中，形成了一套独具特色而又较为完整的体系。中国古代建筑大多数采用坡屋顶，在两个坡面相交处为屋脊。沿前后两坡屋面相交形成正脊，正脊位于建筑屋顶的最高处。正脊左右两端与其他屋脊相交汇而成的节点称正吻。纵观浙东地区为数众多的寺庙、祠堂、宅院等建筑，都能看到《营造法原》中所列各种屋顶正脊、正吻的形制与纹饰。其中有较简单的雌毛脊，有几何形、回字纹形、花草形的纹头脊，也有坐在屋顶两端的哺鸡脊，更有寺庙、宗祠等屋顶上的鱼龙吻和龙吻脊。这些图案可以各自独立存在，也可以通过多种图形的结合，构成整体的艺术装饰。

浙东地区的传统建筑屋顶不仅正脊两端的正吻形态多变，而且正脊自身的纹饰也是多样化的。它因独特的造型和艺术魅力，受到人们的喜爱。据北宋吴处厚《青箱杂记》记载："海为鱼，虬尾似鸱，用以喷浪则降雨。"古人认为鸱吻是龙的儿子，相传他能喷浪降雨，可以用来辟邪和保佑宅院免受火灾的侵害，于是便塑其形象在屋顶之上以求风调雨顺、防火避灾。鸱吻的形状是由龙头、龙尾、龙爪组成，眼珠突出，张嘴露牙吞咬着正脊，形象生动逼真，也称为吻兽。吻兽不仅具有辟邪的功能，还在建筑上发挥着特殊的作用。正脊和檐角是两个坡屋顶的交汇处，雨水很容易从交汇处的缝隙中渗入室内。吻兽在此起到严密封固瓦垄、使脊垄牢固不渗水的作用，将建筑功能和艺术造型巧妙地融合在一起。

前童大祠堂正殿的脊饰造型比较有特色，如图 5.12、图 5.13 所示。屋脊两端各立着一只雄鸡，头向上仰起，形象生动传神，寓意金鸡报晓，象征吉祥平安。按照宋朝《营造法式》记载，鸱吻应设在屋脊的两端，但是前童大祠堂的鸱吻却放置在距离屋脊端部约 2 米处。两条怒目圆睁的鸱吻吞噬着屋脊，显得非常威严，令人望而生畏。鸱吻内侧是双龙戏珠图案，这也是中国古代建筑中最常见的一种装饰题材。两条飞龙立在屋脊之上，昂首翘尾，威风凛凛，动态十足。红色的宝珠镶嵌在屋脊中间的亭阁顶部，亭阁内塑着福禄寿三仙，栩栩如生的人物形象和丰富多变的造型，使之更富有文化内涵和艺术魅力。

脊饰正面写有文字"塔鹿呈祥"，背面写有"石镜遗风"，恰到好处地点出了塔山、鹿山、石镜山与塔山童氏及前童古镇的关系。它不仅为我们研究当地民间信仰提供了重要资料，而且对于了解当地传统村落的历史变迁也有一定的参考价值。

传统聚落的空间特征解析与传承：
以前童古镇为例

图 5.12　前童大祠堂正殿屋脊

图 5.13　屋脊装饰

5.3 浙东传统民居的门窗装饰

老子的《道德经》提到："凿户牖以为室，当其无，有室之用。故有之以为利，无之以为用。"户就是门，牖即是窗户，可见建筑离不开门和窗户。

5.3.1 门头和门脸

中国传统民居讲究天人合一，强调人与自然和谐共处。《朱子家训》提到："黎明即起，洒扫庭除，要内外整洁；既昏便息，关锁门户，必亲自检点。"门不仅仅是一个单纯的生活通道，还是人与人交流沟通的媒介。门作为建筑的重要构成元素，无论是功能还是形式，都强调与建筑相呼应。同时又因建筑等级、地理条件和气候条件各异，门的形制与形式有所不同，或精雕细刻，或简单如木板，都属建筑外在表现，但它所承载的却是深刻的人文思想与精神理念。

浙东地区的传统民居在选址、布局等方面都有着自己独特的方法，在建筑空间的处理上更是别出心裁，尤以宅院台门最为典型。

只要走进前童古镇的大街小巷，随处可见高高的白墙上开着一扇扇通向宅院的台门。由于传统民居占地不大，所以台门的方向是灵活多样的，可以向任意一个方向开设，但几乎没有台门朝正南开启。台门的形制、尺度、色彩不但能代表宅院主人的身份与地位，也能反映宅院主人的精神内涵和价值取向，如图 5.14 所示。因此台门对整座宅院起决定性作用，不仅要造型美观，更要讲究艺术性。宅院主人往往不惜血本，在门头和门脸上做烦琐的装饰，强化它的艺术性，其中不乏精美的木雕（图 5.15）、石雕、砖雕等艺术品。

图 5.14 台门

图 5.15 台门的木雕装饰

明经堂台门两侧的墀头墙上各有一个灰塑匾额,分别刻着"礼义""孝悌",显得庄重典雅且有书卷气。群峰簪笏的台门木制门框两侧用砖砌出壁柱与门额,台门顶设拱轩,拱轩有凤凰装饰,门柱上有倒挂镇宅狮,门簪上雕有"葵心向日",台门两侧镶嵌着"五福捧寿"的青瓷盘,如图 5.16 所示,台门与整体建筑布局融为一体,意蕴吉祥。

三合院或二合院的院门通常设于院墙,这种门叫随墙门。此类大门的构造相对简单,墙上开门洞,两侧立石柱,石柱之上架设石梁形成门框,门框里安装了两扇木板门。石柱和石梁一般用当

图 5.16 群峰簪笏台门装饰

地蛇蟠石制作,蛇蟠石为粉红色的火山凝灰岩。由于石质较软,易于雕琢,故多用于制作门框、石花窗等。石柱和石梁这类构件虽然造型简单,但工匠采用浅雕技艺雕刻出流畅的线条和精美的花纹,使门框顷刻生动起来。在石柱和石梁的连接处设雕花雀替,增加了装饰效果。尽管大夫第因整座宅院失火而毁于一旦,但门楼却巍然耸立,依然可见当时的风采。前童民俗博物馆的三重檐院门高大气派,门头上雕刻着精美的浮雕图案和文字,显得格外壮观,如图 5.17 所示。

第 5 章
浙东传统民居的建筑特征

图 5.17 前童民俗博物馆的三重檐院门

5.3.2 门的基本分类

浙东传统民居的门根据功能和艺术需要,大体可以分为板门、条板门、隔扇门、栅门、景门等。

1. 板门

最常见的门是用厚木板拼合成的板门,板门通常装有门钹,如图 5.18 所示。门钹由门环座、垫片、门环组成,常见的门环有铜门环和铁门环。铜门环和铁门环使用场景不同,普通百姓只能使用铁门环,但各有独特的艺术效果。考究一点的宅院常把门环座装饰成狮头衔着圆形门环,垫片为花瓣形或蝙蝠状。板门有双扇板门和单扇板门两种,因用途而异,对于板门也有不同需求。双扇板门通常用于宅院的大门或仪门,或者是主要房间的门,宽度在 1.5 米以上;单扇板门通常用于次要房间、宅院后门或边门。

2. 条板门

条板门多见于沿街的商用建筑，前童古镇南大街的部分商铺仍使用传统的条板门，如图5.19所示。条板门既可独立使用，又可结合成一体，看上去古朴雅致。每块条板门宽约50厘米，数量取决于商铺开间宽度，高度为门槛至屋檐梁下的距离。门框的上、下都有滑槽，可以任意拆卸和安装。当商家营业时，卸掉固定在墙上的条板门并置于一边，商业界面全面打开，方便顾客购物。条板门以其灵活多变、易于拆装等特点成为传统商业街区最常用的大门形式之一。

图5.18　板门

图5.19　条板门

3. 隔扇门

隔扇门因其形状和构造的不同而形成不同的样式，并成为中国传统民居中独具特色的组成部分。隔扇门是指安装在朝向天井一侧的窗式木门，通常用于正屋或厢房。它既能起到透光、透气和借景的作用，又可隔绝室内外的视线，具有很强的装饰性与实用性，如图5.20所示。

隔扇门有两类，一类是短隔扇，又称槛窗，安装在槛墙上，起到窗户的作用。另一类是长隔扇，落地式，既是门又是窗。长隔扇通常整排使用，一般为四扇、六扇，中间的两扇隔窗可以灵活开启或者根据需要全部打开。夏季打开长隔扇门，能通风散热，使室内外融为一体。而到了冬季，长隔扇门紧闭，日光通过隔扇门的格心透入室内。隔扇门分为上、下两段。上段为格心，由木棂条拼合成方形和菱形之类的直线网格，也有卍字纹和拐子纹之类比较复杂的网格。下段为裙板，一般由木板拼成一个平面状实体，以线条装饰。如果隔扇门比较高，可在格心之下和裙板之上增加一道绦环板。绦环板的花纹通常采用浅浮雕工艺制作，主要题材为山水人物及花鸟虫鱼等，主题丰富，意蕴深远，画面栩栩如生。明经堂厢房隔扇门的绦环板（图5.21）图案更是一幅耐人寻味的艺术品，反映了明清时期人们对美好生活的向往和追求，更重要的是这一精美的木雕作品所蕴含的深厚文化内涵。

图 5.20　隔扇门

图 5.21　隔扇门的绦环板

4. 栅门

栅门高1米左右，用纵横木条穿插而成，具有结构简单、制作容易等优点。栅门上设置了门栓或锁扣，可防止儿童随意进出，以保护他们的安全。栅门有双扇栅门和单扇栅门两种，明经堂的东、西厢房隔扇门外侧设有双扇栅门。

5. 景门

景门实际上是个门洞，装饰效果很强，多用于江南园林景墙的装饰，是造园时常用的重要景观元素之一。景门常与庭院、假山等结合使用，以形成不同风格的园林艺术形式。景门不仅起到分割空间、营造意境的作用，还可以隔断视线、渲染氛围，使园林景观更加丰富多样。景门大多做成满月、宝瓶、葫芦、扇面之类的各种形状，有框景和对景的效果，常受到文人墨客的青睐。古代园林运用景门手法来营造山水景色和建筑环境，其中不乏精美之作。

5.3.3 窗的基本分类

窗是建筑围护结构中的组成部分，它的形式关系到室内环境。窗不仅是采光、遮阳及装饰用的构件，同时还是重要的空间环境要素。中国传统古典园林中的窗，其实并非只为了采光和通风，更是为了营造一种氛围与意境而设置的。它们沿着墙体依次排列，犹如一幅美丽的画卷，在庭院里徐徐拉开。墙体也因此变得轻盈、通透而富于变化，镂空窗以其独特的形式成为园林景观中一道靓丽的风景线。窗内外的景色互相交融，共同构筑起和谐自然的空间环境。李商隐的诗句"君问归期未有期，巴山夜雨涨秋池。何当共剪西窗烛，却话巴山夜雨时"以窗寄语，抒发了诗人的相思之情。

窗的形制是依据宅院等级、长度、宽度和开间而确定的，以两扇、四扇最为常见。由于不同时期人们生活方式和审美观念的差异，以及受气候条件变化的影响，因此窗的形式呈现出鲜明的时代特征。浙东传统民居的窗大体分为槛窗、景窗、气窗等，其中气窗较为少见，此处不作介绍。

1. 槛窗

槛窗就是短隔扇窗，指安装在槛墙上的窗户，推拉自如，如图 5.22 所示。槛窗主要设置在次间，有时设置在明间，和双扇隔扇门组合布置。槛窗上装饰有格心，通风效果好。槛窗数量和尺度随房屋面宽、层高等因素变化，保证了建筑立面的比例协调。槛窗外另有实心或部分设镂空格心的转轴窗扇，上下设窗臼，中间为窗钹，主要用于遮挡视线，保证房间内的隐私。

图 5.22　槛窗

窗臼、窗钹虽然以实用为主，但也常雕刻一些线条或花草图案，与传统民居整体风格相吻合。有些槛窗的外侧，加设高约 20 厘米的雕花窗栏杆，非常精美，如图 5.23 所示。

图 5.23　雕花窗栏杆

群峰簪笏隔扇窗的窗臼构件上，雕饰着一只葫芦，小小的窗臼曾经寄托着主人对富贵长寿、子孙兴旺的期盼。明经堂东、西厢房为三间两弄的厢房，居中开间设隔扇门，次间用槛窗，槛墙高度与隔扇门的裙板相当，因此槛窗恰好和隔扇门表面齐平、格式相同，构成了一个统一而有规律的建筑立面。

2. 景窗

景窗指嵌在各种建筑物外墙、院墙上的起采光、通风、借景等作用的窗户。计成的《园冶》描述景窗"凡有观眺处筑斯，似避外隐内之义"。景窗兼具装饰性、实用性和观赏性，是我国传统民居特有的审美意识与美学追求相结合的产物。景窗可以使墙面产生虚实之变，也可以使窗两边的风景隐约可见，营造出幽美、朦胧而又玄妙的意境。景窗分为空窗和漏窗两大类。空窗只有窗框而无窗心，其形状有扇形、瓶形、叶子形、梅花形等，常用在园林中的廊、榭、亭或院墙上，它的主要作用是透过窗框观赏园景。漏窗有窗框也有窗心，多用于院墙或山墙上。漏窗的窗心采用砖、瓦等材料拼成不同的镂空图案，极富艺术美感。

前童古镇为数众多的石花窗是典型的漏窗，它是宅院与外界沟通的媒介，坚固耐用又不影响室内采光。前童古镇的石花窗（图 5.24）也是宁海石花窗的集中展示，一扇扇造型优美、寓意深刻、形态各异、纹样多变的石花窗装点着明清建筑群。

传统聚落的空间特征解析与传承：
以前童古镇为例

图 5.24　前童古镇的石花窗

5.4 浙东传统民居的墙体构造

梁思成对中国传统建筑立面构图曾经有过总结："中国的建筑,在立体的布局上,鲜明地分为三个主要部分:(一)台基,(二)墙柱构架,(三)屋顶。任何地方,建于任何时代,属于何种作用,规模无论细小或雄伟,莫不全具此三部。"这就是所谓的"三分构成说"。

中国传统建筑不同于西方用砖石结构作为受力体系的做法,它的受力体系以木结构为主,由梁柱和上部屋架共同承受荷载。墙体虽不承重,但是对稳定梁柱,增加建筑抗震性能、提高建筑刚度起着重要作用。由于材料、工艺及施工技术水平的限制,在实际应用中又常常因采用了某种特殊的构造措施而使建筑物具有特定的外形效果和艺术特征,从而形成独具地方特色的风格。潘西谷主编的《中国建筑史》提到:"从单栋建筑所用墙体的属性及部位来看,可分为檐墙、山墙、槛墙、八字墙、屏风墙、照壁、隔断墙等。若按照常用的建筑材料,则分为土墙、砖墙、石墙、木墙、编条夹泥墙等。"

浙东地区由于地少人多,房屋大多依山就势而建,或临水而筑,因此形成典型的"水绕屋环"的格局,从而拥有丰富多样的院落布局和灵活多变的平面形式。这种独特的环境使得在此生活的人们有一种天然的亲和力与归属感。传统街区或传统村落的建筑比较密集,导致宅院山墙之间的距离比较近。山墙构成的街巷具有很强的导向性,可以有效地引导交通流线,强化空间的纵向延伸感。宅院沿着街巷的一侧为实墙面,或是山墙或是院墙。有些宅院在二楼或者靠近屋顶的山墙设置气窗,常设置一扇小窗或开一个窗洞,进而使空气对流加快,增强室内空气流通。前童古镇的气窗常用形式多样的石花窗点缀其间,有的是栏杆式石花窗,有的是固定石花窗,这些石花窗形式都十分精美且各具特色,具有很强的装饰效果。

浙东地区传统民居以黑、白、灰三色为主色调,在色彩上与周围环境协调统一,给人以清新淡雅之感。宅院的外墙用青砖块砌筑,外表面经石灰粉刷显得洁白、典雅,营造出古朴、宁静的氛围,如图 5.25 所示。有些宅院外墙直接砌筑青砖,因年代久远呈现青黑色或者青砖上长了青苔,显得古旧而又神秘。有些宅院由于建造时财力有限,会用瓦片作为建筑墙体材料,这种墙体称为瓦爿墙。前童古镇传统民居的外墙几经沧桑,呈现出暗灰色,质朴且自然。有些宅院外墙石灰已经剥落,呈现出斑驳的色彩和粗糙的纹理,如图 5.26 所示。

传统聚落的空间特征解析与传承：
以前童古镇为例

图 5.25　前童古镇传统民居的外墙

　　通过对前童古镇现存明清古建筑群的调研发现，墙体按其所用材料主要分为砖墙、木板墙、石墙三种类型。由于建房之初受财力、物力的限制及当地气候环境条件等因素的影响，传统民居墙体材料通常是就地取材，因此传统民居中留存了本土建筑材料和传统技艺的痕迹。这些古老而又富有地方特色的建筑墙体是研究我国古代建筑史不可缺少的珍贵资料和实物例证，同时也为我们今天进行古建筑保护提供了宝贵的历史信息。浙东地区还有一种很有特点的瓦爿墙；农村地区尤其是偏远山区还留存着夯土墙。

第 5 章
浙东传统民居的建筑特征

图 5.26　前童古镇传统民居斑驳的外墙

5.4.1　砖墙

砖墙具有保温、隔热、隔声、防火、耐久等性能，因此砖是使用最广泛的传统建筑外墙材料。我国目前保存下来的传统建筑绝大部分属于砖木结构建筑，可见砖墙在建筑遗存中起到很好的保护作用。砖墙分为承重墙、外围护墙和内分隔墙等类型，由于砌筑方法的不同，使砖墙呈现不同的效果。在砖墙砌筑过程中，砖与砖之间掺入一定比例的石灰或石膏作为黏结剂，可使墙体具有足够的强度和稳定性。

普通砖是用黏土烧制成的，根据生产工艺的不同，可分为红砖、青砖两种。因所用砖的规格、砌筑方法及对墙体转折处的处理等不同，从而组合出各种墙面艺术。砖的摆置有卧砖、陡砖、甃砖、空斗和线道砖等形式，在施工过程中结合实际情况进行灵活的搭配使用，由此形成了地域特点鲜明的建筑装饰风格。

浙东地区通常采用"一顺一丁"的砌筑方法，除转角外，"一顺""一丁"均会以砖块侧立砌筑。因为砖块怕水，砖墙一般都要涂刷白色的石灰，避免雨水冲刷而造成墙体渗漏。经济条件优越的家庭选择用砖墙建造宅院，而经济条件普通的家庭则采用较为便宜的瓦爿墙、夯土墙来砌筑小院。这几种墙体都是实体墙，可以有效避免发生火灾时宅院间火势的蔓延。

5.4.2　瓦爿墙

瓦爿墙是用旧砖、旧瓦和旧瓦缸片作为建筑主材料，草筋黄泥或黄泥加白石灰作为黏结辅料，层层叠叠砌筑而成的墙体结构。这种墙体不仅坚固、美观，而且经济、环保、节能、低碳，有着"绿色建筑"的美誉，对我国传统民居的改造和创新有着重要影响。它的产生时间、地点在文献上均未见记载，清朝末期瓦爿墙的使用最为广泛。那时经济条件普通的家庭采用瓦爿墙作为建筑外墙，以抵御风雨冲刷，也体现了那个年代百姓勤劳朴素的生活理念。

图5.27　宁波博物馆的瓦爿墙

瓦爿墙由于建造年代久远，雨水滋润着墙缝，缝隙间生出的青苔、杂草使老房子充满着活力和生机，给人们留下了美好的记忆。由于旧砖、旧瓦与旧瓦缸片比重不同，呈现出迥异的艺术效果，这种差异性和当地的气候环境、建筑装饰风格等因素紧密相关。暗褐色或暗青色的旧瓦缸片嵌于墙身，在素净墙面上起点睛之笔，使得墙面乱而有序，增强了墙体的观赏效果和稳定性。

宁波博物馆外墙采用浙东地区常见的瓦爿墙（图5.27），以古朴的青灰色为主，砖红色为辅；它既保持着原有风格，又有现代建筑所特有的时代感和艺术性。这种墙面虽然有些斑驳，但在阳光下却显得格外耀眼和亮丽，仔细观察还能发现砖瓦上当年烧制时留下的符号、图案或文字等印记，仿佛让人回到了明清时期的江南古镇。

5.4.3 木板墙

浙东地区气候温湿，雨量丰沛，土质肥沃，木材丰富，所以本地民居大多就地取材。木板墙是由木板搭建而成的墙体。木板墙作为外墙及内隔墙具有遮风避雨、保温隔热等作用，而且韧性强、易于施工，因此，被广泛地应用于传统民居。木板墙采用木板拼接而成，木板厚度为2～3厘米，宽约25厘米，枋框之内安装横向或竖向排列的木板，最后在木板上涂桐油，以避免墙体受潮或被虫蛀。

图 5.28 板壁墙

木板墙作内隔墙使用时，当地称之为板壁墙，堂前和次间的分隔墙体就是板壁墙，如图5.28所示。板壁墙出自唐朝康骈的《剧谈录·慈恩寺牡丹》："僧乃自开一房，其间设施幡像，有板壁，遮以旧幕。"这说明当时板壁墙已经出现，并应用到民间宅院了。板壁墙用在二楼可以减小竖向荷载，不足之处在于隔音效果差。象山传统民居常在堂前设置一堵木板墙以区分内外空间，此处的木板墙称为厅壁，厅壁通常用于悬挂祖训或祖像，也可以悬挂各种字画、匾额和对联，以显示家庭主人的尊贵地位。

图 5.29 槛墙

但在前童古镇的传统民居中并没有见到厅壁，虽然宁海县与象山县相邻，但是在传统民居的建造上还是有所区别。槛墙（图5.29）上设置槛窗，两者和谐地组合在一起，使整个院落立面显得庄重典雅。

5.4.4 石墙

浙东地区山川河流众多，石材资源十分丰富。南宋大文豪陆游在《闲居自述》中写道"石不能言最可人"，道出了人们对石头的喜爱，以及人与自然和谐相处的理念。

用石材砌墙是浙东地区传统民居墙体比较常见的一种做法，有的用全石材砌筑、有的用砖石混合砌筑，还有的用鹅卵石砌筑，粗犷的线条构成了建筑表面特有的肌理，这与古人崇尚朴素之美不无关系。石材不仅具有良好的保温性和耐久性，还具有很强的装饰性。

"石文化"是宁海县具有代表性的特色旅游资源之一，也是当地众多传统村落和文化遗产的重要组成部分。近年来，以"石文化"为主题的旅游景点如雨后春笋般涌现出来，以国家级历史文化名村——宁海许家山石头村最具代表，整个村落都是用当地的铜板石建成的，如图 5.30 所示。石屋、石巷、石院、石桥……这些由石头搭建起来的建筑，在阳光照耀下熠熠发光，散发出一股古意。"石"与"人"构成了这一古老村落最核心的元素，以特有的形态与颜色吸引着许多游客来此参观。

图 5.30　宁海许家山石头村

前童古镇传统民居的石墙选用白溪、梁皇溪的大块鹅卵石砌筑成墙体勒脚，如图 5.31 所示。鹅卵石墙与上部的砖墙互相映衬，形成独特又美观的建筑景观。这些石头或整齐划一，或大小不一，这种随机摆设产生一种自然而富有韵律的空间序列。这种鹅卵石墙装饰风格与当地丰富多样的自然环境和人文历史有着密切的联系，是对乡土文化的传承与发扬。由于鹅卵石质地坚硬致密，砌筑成勒脚不易被风雨侵蚀，起到了很好的防潮作用。

图 5.31　鹅卵石墙勒脚

5.4.5　土墙

土墙中以夯土墙最为常见。它是用木板作为模具,在木板之间填充土,然后用杵逐层捣实,所以又称为版筑夯土墙。常用黏土或灰土(土:石灰为 6:4),也有用土、砂、石灰加碎砖石或铺垫植物枝条作为黏结材料的做法。传统夯土墙就地取材,成本较低,生态环保,施工工艺比较简单。

考古研究表明,公元前 16 世纪至公元前 11 世纪,夯土墙已经在我国得到广泛应用。北宋李诫主编的《营造法式》对夯土版筑工艺细节作了详细规定:"筑墙之制,每墙厚三尺,则高九尺,其上斜收,比厚减半;若高增三尺,则厚加一尺,减亦如之。"由此可见,当时的夯土墙已成为主要的墙体形式之一。明清时期的建筑砖墙较为常见,但在广大农村仍以夯土墙居多。福建土楼(图 5.32)把中国传统的夯土施工技术推向了顶峰,它是我国

图 5.32　福建土楼

古代劳动人民智慧的结晶，具有很高的历史价值、艺术价值和科学价值。福建土楼已被联合国教科文组织列入《世界文化遗产名录》。在当代建筑技术不断发展的今天，传统夯土墙逐渐退出历史舞台。随着新型建筑的盛行，新型夯土墙继承了传统夯土墙的优点和长处，人们对其进行不断的改进与创新，从而使其更加科学化，也增强了实用性，让建筑重新焕发出勃勃生机。

第 6 章 浙东传统民居的装饰艺术特色

在中国传统建筑中，装饰是十分重要的组成部分，不仅蕴含了丰富的历史信息，还体现了我国劳动人民的高超技艺。通过木雕、砖雕、石雕、灰塑及其他不同表现形式，赋予了传统建筑极高的艺术美感，也表达了人们对美好生活的向往及精神寄托。无论是宫殿、宗祠、民居等建筑类型，还是院门、山墙、梁柱、门窗等建筑部位，无不是精雕细琢、匠心独运。装饰题材有人物故事、山水花鸟、神话传说，甚至还有诗词歌赋等。因地域、生活和风俗的差异使中国各地的传统建筑呈现出不同的特色，装饰风格也表现出明显的地域性。建筑的装饰艺术来自建筑本体，通过装饰使建筑具有外在美，所以其形制、构图与材质均受当地建筑材料与用途制约。建筑装饰作为一种特定艺术现象，是造型艺术和人类生活结合的结晶。通过美化建筑构件来表现建筑性格特征，从而使建筑具有一定的观赏性、实用性与艺术性。

浙东地区由于特定地理环境、气候条件和人文历史等，形成了丰富多彩的传统建筑装饰。也正由于工匠在漫长的岁月中所积累的建造技术，使这一艺术风格得以传承至今。浙东传统民居无论室内装饰还是室外构件都十分考究，具有很强的装饰性和艺术性，富有浓郁的地方风格，体现着质朴、自然的美感。这些装饰图案来源于民间，又高于民间。它们通过巧妙的组合运用，产生出各种不同的效果，给人以强烈的视觉冲击力，展现出浓厚的生活与乡土气息，充分反映了人对自然的热爱。

6.1
浙东"三雕"的艺术特色

"三雕"是浙东地区比较有名的建筑装饰工艺。"三雕"是指木雕、石雕和砖雕，具有雕工精细、题材广泛、造型生动的特点。其中尤其以木雕最为著名，多用于门窗、梁枋、撑拱及门楣上。砖雕多用于屋脊、瓦当、漏明砖及门楼装饰。石雕主要用于柱础、石花窗、栏杆、石库门等部位。三种雕刻艺术共同构成了浙东地区特有的建筑形式与符号体系，也成为人们精神文化生活不可或缺的重要组成部分。

在浙东地区众多的传统村落中，前童古镇是典型代表之一，保存较好的明清建筑群中不乏装饰艺术佳作。浙东传统民居以其独特的造型、精雕细刻为人们所熟知。尤其以木雕与石花窗最负盛名，古朴典雅、粗犷浑厚的艺术风格，精巧细腻、寓意深刻的图案，丰富多变的构图手法为人们所称道。

第 6 章　浙东传统民居的装饰艺术特色

6.1.1　传统木雕分类及艺术特色

浙东传统民居主要构件都采用木材，通过对木构件的装饰加工达到艺术效果，因此木雕构件在浙东传统民居中具有举足轻重的作用。建筑木雕就是在建筑木构件上雕刻出各种各样的图案，不仅表现了建筑物本身的造型美，也表达了人们对美好生活的向往。

明清官式建筑充分反映了古代工匠高超的技艺和独特的审美情趣，涌现出许多精美的木雕艺术作品，其中尤以北京故宫最为著名，如图 6.1 所示。浙东民居建筑大多数较为质朴，但也形成了独具特色的风格特点，门窗、梁枋、斗栱及其他木构件主要以素面雕为主，格调清新雅致。雕刻题材涵盖山水风景、花鸟鱼虫、神话传说、宗教故事等，涉及面很广，反映出古人精湛的雕刻技艺与超凡想象力。它不仅是我国劳动人民在长期生产生活实践中积累下来的艺术结晶，也为我们研究历史提供了丰富的素材和宝贵资料。

图 6.1　北京故宫

《礼记·曲礼》中记载着六工即"土工、金工、石工、木工、兽工、草工"，其中"木工"即指较早的木雕技艺。春秋战国时期的鲁班是我国最早有文字记载的工匠，中国人把鲁班尊奉为中国木雕祖师爷。宋朝李诫编纂的《营造法式》将木雕称为"雕作"，并分别阐述了三种浮雕技法，即"剔地透突"（透雕）、"剔地隐起"（浅浮雕）和"剔地起突"（高浮雕）的具体做法。清朝《工程做法则例》把木雕称为"雕凿作"，并对木雕的制作工艺进行了详细的说明。木雕工艺发展到明清时期已趋于成熟，有东阳木雕、徽州木雕、潮州金漆木雕、福建木雕、苏州红木雕和乐清黄杨木雕等各种流派，它们是经过长时间积淀而成的技艺精华，体现了当地人的性格气质、文化修养与审美情趣。

中国传统建筑按木工工艺的不同,分为大木作和小木作两大类。大木作指古建筑中柱、梁、枋、檩组成的木构件,根据其作用可以划分为12种类型,通常雕刻较少或者没有装饰,以自然形态为主。小木作指建筑装修和木制家具制作,如栏杆、挂落、门窗、隔断、藻井、桌椅、床、柜等,工匠在这些部位雕刻精美的图案。制作大木作的工匠称为"大木匠",制作小木作的工匠称为"小木匠",两者都是从事木工手艺的匠人。

浙东传统民居的木雕装饰主要集中在月梁、托木、雀替、斗拱和窗棂等位置。雕刻题材广泛而多样,有人物、山水、花鸟及各种动植物。木匠根据不同的装饰部位选用不同的题材,采用线雕、透雕、浮雕或镂雕等技法,对构件进行艺术化加工。浙东地区木材资源也十分丰富,杉木、樟木和椴木等都是木雕生产的上等材料。这些材料质地坚硬且纹理清晰,可以制作出多种样式复杂、风格迥异的雕饰图案。经验丰富的工匠常常能够很好地将木纹走向和雕刻形态融为一体,使得木雕构件表现出强烈的艺术感染力,具有很强的观赏性。

前童古镇的木雕工艺主要分为素面木雕和朱金漆木雕:素面木雕主要应用于建筑装饰及各种实用家具;朱金漆木雕主要应用于鼓亭、十里红妆家具。

1. 素面木雕

素面木雕(图6.2)属于装饰性雕刻,层次丰富且色泽清淡,不施深色漆,基本保留原木

图6.2　素面木雕

天然纹理色泽。它不仅可以用来装饰建筑、家具,还可以制作成木雕艺术品供人欣赏。素面木雕构件随着岁月的流逝,表面呈现出由浅到深的色彩变化,凸显层次感,更显艺术魅力。通过对历史事件、人物故事、花鸟虫草、自然山水等素材的加工提炼,运用不同的技法和构图产生新的形态。这类作品不但具有实用功能,而且是生活和艺术再加工的产物,更具艺术享受。工匠以其高超的技艺和独特的审美情趣将古老的民间艺术展现在世人面前,为我们留下了宝贵的文化遗产。

前童古镇是著名的"五匠之乡",这里的木雕工艺有着悠久的历史和辉煌的成就,在行业中占有重要位置。前童古镇明清建筑群不乏精雕细琢的雀替、独一无二的海马虹梁、精巧而富有变化的门窗……这一切无不显示出工匠们精湛的技艺,展现了当地的人文习俗。因此,

研究前童古镇的传统木雕艺术，对了解浙东地区社会发展和木雕技艺水平具有十分重要的意义。通过对前童古镇木雕构件的实地调研，总结出素面木雕有以下两个特点。

（1）构图丰满，层次分明。

从现存的木雕构件来看，其构图借鉴中国传统绘画手法，画面饱满充实、层次分明、讲究整体的协调与统一，使得整幅作品看起来极富生气。人物造型打破了常规比例关系，有时以夸张的手法表达人物的性格、动作、表情及内心活动，给人以无限遐想。动植物形象以图案化为主要表现形式，表现出极强的生命力，具有鲜明的个性特征，既有写实风格又不乏浪漫主义色彩。凡此种种，无不充分展示出民间美术所特有的艺术魅力。

前童木雕构件通常采用的雕刻技法包括线刻、浮雕、圆雕、透雕和骨木镶嵌等。这些方法虽然各有千秋，但都离不开刻刀、锯子和打磨工具的选择和运用。在诸多的雕刻技法之中，以浮雕和透雕最具特色。浮雕分为浅浮雕和深浮雕，常用于绦环板、雀替、海马虹梁的装饰。浅浮雕主要用来表现动物、植物、山水等静态画面及一些抽象或具象的事物和线条，如图 6.3、图 6.4 所示。它不仅能够弥补细部描写上的不足，还能增强作品整体效果。深浮雕极富表现力，尤其是对人体各部分轮廓刻画得非常细致生动，多用于描绘人物故事场景、人物肖像、建筑构件、器物造型等。透雕多用于门窗、挂落、栏杆、屏风、家具等装饰，雕刻技术要求高，难度大。浮雕和透雕相结合，使画面更具立体感。在雕刻过程中，工匠可以自由地变换各种形状和图案，达到"物尽其用"的目的。因此，要想制作出精美的雕刻作品，就必须对其进行合理设计与巧妙构思。梁架属于受力体系，如果雕刻得太细太深，材料受力性能必然受到破坏，甚至可能发生房屋倒塌事故。所以在梁上用线刻手法雕刻出几条简单的线条，使整个梁架显得简洁明快。前童古镇的海马虹梁就是浅浮雕工艺的最佳体现，构件简洁明快、轻盈活泼，如

图 6.3　戏剧故事

图 6.4　松鹤同春

图 6.5 所示。牛腿也叫撑拱,在建筑结构上起挑梁的作用。到了清朝,建筑牛腿已由原来的支撑功能逐渐转变为装饰功能,因此牛腿也成为重要的建筑装修构件。好义堂正厅明间前檐廊的牛腿采用圆雕工艺,灵芝、仙鹿、松枝、卷草等纹样通过工匠巧妙的构图、精湛的雕刻技艺呈现出来,如图 6.6 所示。

图 6.5　海马虹梁　　　　　　　　　　图 6.6　灵芝仙鹿

（2）内容充实、题材广泛。

前童木雕艺术中,"福禄寿喜财"主题运用较为广泛。围绕这五大吉祥主题,工匠创作了福寿双全、富贵吉祥、五福捧寿、平安如意等一系列有特定象征意义的吉祥图案。这些寓意丰富、形式多样的纹饰,不仅表现了建筑自身的特征,也营造出富有生活气息和人情味的意境氛围。木雕构件所蕴含的寓意主要体现在祥瑞、吉祥和对美好生活的追求。常见的装饰图案有卍字纹、云头如意纹、龟背锦、夔龙纹等传统图案,也有"麒麟送子纹"中的麒麟、"三阳开泰"中的羊（阳）等表达祥瑞、富贵、平安的神兽,还有象征吉祥幸福的仙桃、灵芝、石榴等瓜果花卉。汉语言中的"谐音"具有丰富的想象力,也是我国传统木雕艺术中常用的形式。寓意深刻的谐音装饰图案不仅能够起到增强视觉冲击力的效果,还可以增加作品的艺术性和趣味性。在木雕题材中,用通俗的历史典故、神话故事、民间传说创作出一系列栩栩如生的木雕构件。明经堂倒座的牛腿雕刻了八仙过海,如图 6.7 所示。这组图案将象征与寓意有机结合起来,既突出了中国古代的神话传说特色,又体现了当时人们的宗教信仰和审美情趣。正屋次间隔扇窗绦环板上雕刻的诗句,表达了宅院主人勉励后人要努力读书求取功名的愿望,如图 6.8 所示。木雕构件主题丰富,或祈愿吉祥富贵、福荫子孙,或歌颂继承仁义礼智信的美好美德,或宣扬儒家文化、勉励读书为官等。通过对木雕艺术作品的深度挖掘也可以从侧面了解浙东地区明清时期的民俗民风。

第 6 章
浙东传统民居的装饰艺术特色

图 6.7　八仙过海

图 6.8　隔扇窗绦环板

2. 朱金漆木雕

宁波朱金漆木雕发展，历经新石器时代的萌芽阶段、隋唐时期的雏形期、宋元时期工艺的成长、明清时期工艺的兴盛直至20世纪至今工艺的衰落与恢复五个阶段（刘中华，2020）。宁波朱金漆木雕造型简洁明快，雕刻技艺精湛，装饰图案丰富多样，具有很高的艺术和历史价值。2005年5月，宁波朱金漆木雕入选浙江省首批非物质文化遗产名录。2006年5月，宁波朱金漆木雕经中华人民共和国国务院批准列入第一批国家级非物质文化遗产名录。朱金漆木雕工艺在前童古镇也有很广泛的应用，尤其是收藏在前童鼓亭馆的23杠鼓亭最为著名，把朱金漆木雕工艺发挥到了极致。

朱金漆木雕又称漆金木雕，它是集贴金、彩漆、木雕于一体的传统木雕工艺，如图6.9所示。朱金漆木雕的艺术效果主要来自漆工的修磨、刮填、彩绘和贴金，所以有"三分雕，七分漆"之说。它以其独特的图案造型、精湛的雕刻技艺和精美的装饰效果在我国古代工艺美术史上占据着重要地位。朱金漆木雕表现内容丰富，题材广泛，有人物故事、花鸟鱼虫、山水风景、神话传说等，其形成与传承主要源于民间信仰与民俗文化活动，并受到自然环境等因素的影响。

图6.9　朱金漆木雕

宁波朱金漆木雕在民间日常生活中被广泛使用，比如日用陈设、佛像雕刻及家具装饰，尤其是前童鼓亭（图6.10）、十里红妆婚庆家具更是宁波朱金漆木雕工艺的集中展示。明清时期浙东地区的经济相对发达，宁海民间盛行以朱金漆木雕家具作为陪嫁的习俗，浩浩荡荡的陪嫁队伍长达十里左右，因此被称为"十里红妆"，常用"良田千亩、十里红妆"来形容嫁妆的优厚。千工床、万工轿及其他优秀的朱金漆木雕作品，凝聚了明清时期宁波木雕工匠的心血和智慧，属于国家级非物质文化遗产。宁波朱金漆木雕主要有以下两个特点。

图 6.10　前童鼓亭细节

（1）做工独特、精致细腻。

朱金漆木雕以樟木、椴木、银杏木等木材为原材料，经过浮雕、透雕、圆雕等雕刻技法制作成不同的雕版、雕件。它的造型生动逼真、色泽温润典雅、图案古朴大方，主要有人物故事、花鸟鱼虫、山水风景等题材，如图 6.11 所示。

朱金漆木雕制作过程中，对雕刻工艺的要求与素面木雕相比并不高，但漆工修磨、刮填、上漆、贴金、描花等工艺却很考究。木雕构件雕刻完成后，用砂纸进行抛光处理，使表面达到光亮平整、无划痕。贴金是朱金漆木雕最为关键的步骤，它既能提高作品整体质量和艺术效果，又可以增加浮雕立体感和层次感。贴金在加工过程中有十分严格的技术要求，需要掌握正确的操作方法。干燥程度又是决定贴金质量好坏的最主要因素，只有在适宜的干燥度范围内，才能使漆膜具有良好的附着力和装饰效果。漆工在木雕制品上施以生漆，贴上金箔，而后在其两侧或缝隙中添朱红漆（高正蓓，2011）。黄澄澄的金箔因朱红漆的映衬，显得更加鲜艳夺目，成为一幅幅栩栩如生、色彩斑斓的艺术作品，体现了工匠们的精湛技艺，如图 6.12 所示。

图 6.11 前童鼓亭的朱金漆木雕

图 6.12 花轿亭的朱金漆木雕

（2）主题鲜明、构图独特。

宁波朱金漆木雕构图饱满，内容以喜庆吉事、民间传说、神话故事为主，并配以山水花鸟，寓意吉祥如意、美好幸福。其中以"京班体"最为著名，它以戏剧场面为题材，画面热闹而喜庆，通过塑造人物形象烘托人物情感，表达各种人物关系。角色大多采自京剧中人物的体态与服装，人物造型夸张，个性鲜明。京班体的构图模式是把近景、中景与远景处理在同一个平面上。近景的人物头部较为突出，面部表情丰富，动作夸张传神；中景和远景常用建筑、石头、花鸟鱼虫等题材来衬托人物神情和服饰，具有强烈的对比效果。这种独特的造型艺术风格体现了宁波地区特有的地理环境和历史文化特征。石头和树木代表着大山，草代表石头，有鸟有云就是天，有风景就是陆地，有船只就是江河。在这一背景下创作出的作品画面布局简洁明快、层次分明。在表现手法上，常采用"文士无颈，美女无肩，老爷凸肚，武士挺胸"的固定模式（杨钧，鲍光，1990）。这些程式化的民间表现手法，使宁波朱金漆木雕作品妙趣横生、耐人寻味，如图 6.13 所示。

浙东地区还有泥金彩漆、骨木镶嵌等传统工艺，都具有较高的艺术水平，是我国古代工艺的瑰宝。泥金彩漆、骨木镶嵌都是国家级非物质文化遗产，对它们的保护和传承具有同样重要的意义，如图 6.14、图 6.15 所示。

第 6 章
浙东传统民居的装饰艺术特色

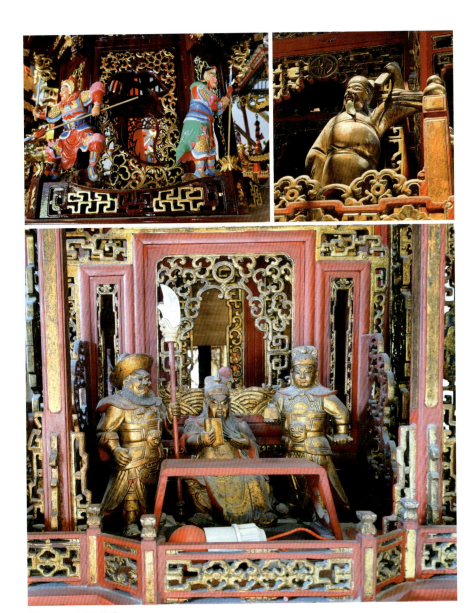

图 6.13　人物木雕

图 6.14　泥金彩漆

图 6.15　骨木镶嵌

6.1.2 石雕艺术代表——宁海石花窗

林徽因先生在《平郊建筑杂录》写道:"顽石会不会点头,我们不敢有所争辩,那问题怕要牵涉到物理学者,但经过大匠之手泽,年代之磋磨,有一些石头的确会蕴含生气的。天然的材料经人的聪明建造,再受时间的洗礼,成美术与历史地理之和,使它不能不引起赏鉴者一种特殊的性灵的融合,神志的感触,这话或者可以算是说得通。"石头不仅是建筑材料,还是一个很好的艺术欣赏对象。

石雕技艺在我国古代建筑艺术领域中占有重要地位,有着悠久的历史。石雕就是以石头为材料雕琢而成的艺术品,具有丰富的形体和空间变化,被广泛应用于建筑的不同部位。石雕的雕刻手法和木雕相同,主要使用线刻、浮雕、圆雕、透雕等技艺。常用的石材有花岗石、大理石、青石、砂石等,它们有各自的物理特性,因此在不同场合使用的石料也不相同。紫禁城的台基、须弥座、栏杆和金水桥都是用汉白玉雕琢而成,是我国宝贵的文化遗产。石雕构件主要使用在以下三种场景:门框、柱础、栏板等建筑构件;古井、石槽等建筑物附属体;石香炉、石桌、石凳等建筑物的陈设。

前童古镇的院门、柱础和基座等部位的石雕工艺应用不多,表达也略显简单。石柱础可避免上部木柱受潮,对木柱起到很好的保护作用,如图 6.16 所示。前童古镇石柱础主要分为方形础、鼓形础(图 6.17)、覆盆础,表面平素不施纹饰,造型古拙而典雅。

图 6.16 石柱础

图 6.17 鼓形础

前童民俗博物馆、大夫第遗址门楼采用石库门形式，即两根石柱和一根石横梁组成门框，门框上方加设石匾额，如图 6.18 所示，这也是浙东地区典型的随墙门形制。尤其是职思其居院门的石横梁上面刻有家训："告往知来，一隅可发；未雨绸缪，诗义通达；量入为出，礼言周匝；勤俭成家，唐魏足法；山西宅间，今时气甲"，左右两侧各有一个印章的痕迹，但已模糊不清，如图 6.19 所示。

前童古镇最有名的石雕构件当属石花窗，因其数量众多、造型别致、雕刻精美，以及其特有的艺术形式为人们所熟知。石花窗也叫漏花窗、石漏窗，在浙东沿海地区的传统建筑上应用广泛，如图 6.20 所示。石花窗选用蛇蟠石雕刻成窗户的形式，古朴大方，色彩绚丽。唐代诗

图 6.18　石库门

图 6.19　家训

人陆龟蒙曾有诗称赞："石窗何处见，万仞倚晴虚"，形象地描写了石花窗独特的神韵之美。宁海石花窗在材料、内容、构图和雕刻均有独到之处，具有鲜明的地方特色，尤其是数量众多的石花窗在前童古镇集中展示，为研究地方建筑与历史提供了宝贵的实证资料。

1. 成因和发展

浙东沿海地区以山区为主，石材蕴藏量大、种类繁多，因此广泛应用于建筑构件。石花窗以其良好的通风采光、美观实用等优点，成为浙东传统民居应用频率最高的建筑构件之一。

最早的石花窗何时产生已无法考证，但宁海县长街镇的伍山采石至少可追溯至隋初，距

图 6.20　石花窗

今已有1400多年的历史。南宋时期，当地已经形成一定规模的石材开采活动，在明清时期达到鼎盛。

宁海县伍山石窟、三门县蛇蟠岛都是古代的采石场，现在已成为著名的旅游景点。蛇蟠石是制作石花窗的原材料，主要产于伍山石窟、蛇蟠岛等地，呈粉红色，纹理均匀，如图6.21、图6.22所示。由于蛇蟠石属火山凝石灰，因此质地不够坚硬，无法作为建筑承重构件使用，但易雕琢，是石花窗的上乘原材料。

图6.21　伍山石窟

图6.22　蛇蟠岛

浙东地区多雨潮湿，石花窗具有防湿、耐腐、采光、通风、美观、防火、防盗等优点，形成了独特的艺术风格。粗犷的石材配上精湛的工艺，使石花窗呈现出厚重而拙朴的气质。石花窗随着岁月的流逝，色彩也会发生变化从而显现出别样的美。虽然石花窗局部已经风化，那也是岁月留给它的痕迹。宁海石花窗现存极少数明朝作品，大部分为清朝和民国时期的作品。

2. 应用场景

前童古镇的明清建筑群的山墙、院墙镶嵌着很多石花窗，是传统民居的重要组成部分。石花窗属于景窗的一种，起到采光、通风、借景的作用。它既体现了实用与审美相结合的文化特征，又具有独特的装饰艺术魅力。石花窗在使用过程中十分重视整体效果和环境适应性，所以在挑选装饰图案时，边框的形式和尺度均应考虑在内，从而表现出绝佳的视觉效果。

外墙上的石花窗起遮挡阳光、保持通风、保护宅院安全、美化建筑的作用。尤其是镶嵌在山墙上的石花窗以其质朴的色彩与青砖、白墙形成强烈的对比，使宅院显得简洁而又不失典雅。院墙上的石花窗起到分割空间的作用，也是常用的装饰手法之一。透过院墙的石花窗，可以隐约看见庭院内的景色，虚虚实实，提升了庭院空间的层次感。石花窗也常作为窗洞的护栏，它不仅有很好的防护性，也有很强的装饰性。前童古镇传统民居的窗洞通常都设在二层，石花窗护栏宽度与窗洞一样，但高度为窗洞的 $1/3 \sim 1/2$，呈横向扁平状，这样既保证了视线的开阔，又增加了建筑装饰效果，如图 6.23 所示。石花窗也是厨房、储藏室及其他附属用房的气窗，不仅具有良好的采光通风作用，还能进一步改善居室环境。前童古镇部分传统民居因年久失修，墙体、石花窗出现不同程度损坏，但也不影响它的风貌特点和使用功能，如图 6.24 所示。

3. 艺术手法

石花窗吸收了民间剪纸、民间美术的精华，又融合了明清时期的江南造园技艺，显得质朴而自然。这些特点与民风民俗息息相关，也反映了当时的审美观和价值观。石花窗图案以动物纹、植物纹、人物纹和几何纹为主，充分显示了古代劳动人民的想象力和创造力。石花窗图案讲究简洁明快、线条流畅、构图严谨，达到了浑然天成的境界。

工匠们从装饰主题入手，按石花窗的规格、所处的位置用抽象的方法概括出需要的形象，同时注重构图和细节表现，以达到意境深远的艺术效果。人物、动物、文字等所要表达的主题思想设于图案中心，突出重点。几何纹、卷草纹等次要元素设在图案四周，进一步衬托主题。人物造型真实自然，刻画细腻传神，充分显示了人物性格特点及精神面貌；动物造型夸张，形态活泼可爱，线条流畅；植物配置错落有致，疏密相间，表现出大自然的勃勃生机。

图 6.23　前童大祠堂外墙上的石花窗　　　　图 6.24　童伯吹民居山墙上的石花窗

石花窗与中国传统吉祥图案相结合，反映了当地人民的思想，更是情感表达和文化的沉淀。吉祥图案是以象征、谐音等方式表达吉祥寓意的装饰图案或符号。吉祥图案早在商周时期便已有了雏形，经过历朝历代不断发展和完善，到唐宋时期已经比较成熟，在明清时期达到鼎盛。作为独特的造型艺术形式，吉祥图案不仅广泛运用于人们的生活，而且成为建筑装饰的重要组成部分。

4. 纹饰题材

宁海石花窗具有鲜明的世俗特征，吉祥图案主要采用几何图案、寓意图案和文字图案，这些都与人们的文化和心理相吻合，具有丰富的寓意内容。

（1）几何图案。

几何图案在石花窗图案中最常见，它以简洁明快但又不失典雅的格调而备受青睐。几何图案分为直线形与曲线形两大种类，经过曲直的变化和有序的排列组合，产生丰富多变的几何形态。按图案不同，几何图案可分为回字纹、卍字纹、钱纹、蔓草纹、套方锦纹等几类。几何图案石花窗通常用在宅院的院墙、后墙或山墙，既能增加墙体的几何美感，又不显单调，还能起到采光与通风的效果，如图 6.25 所示。

第 6 章
浙东传统民居的装饰艺术特色

图 6.25　几何图案石花窗

（2）寓意图案。

古人在挑选雕刻图案的时候，通常选择意蕴美好的图案，以寄托荣华富贵、升官发财的心愿。常见的石花窗题材有双龙戏珠、丹凤朝阳、刘海戏蟾、鹤鹿同春、封侯挂印、笔锭如意、和合如意、福禄寿、五福临门、团寿等内容。这些窗饰都是以寓意吉祥的图案为装饰主题，纹饰也十分丰富，既有人物又有花鸟鱼虫，体现了古人祈求五谷丰登、风调雨顺、国泰民安的美好愿望，如图 6.26 所示。

图 6.26　寓意图案石花窗

（3）文字图案。

文字图案是以文字提炼成图案呈现，字体涵盖了篆书、隶书、楷书和行书，具有很强的艺术性。福禄寿喜等石花窗是较为典型的代表，也是人们喜爱的表达内容。格言谚语和名言警句激励着无数人发愤图强，追求功名，并以此作为人生奋斗目标。这些文字图案被广泛应用在浙东传统民居和祠庙建筑。状元及第、寿考维祺、秀色呈祥、四季平安、福禄寿喜等石花窗上的文字图案就是其中的典型代表，如图6.27所示。

图6.27　文字图案石花窗

6.1.3 传统砖雕艺术特色

砖雕通常被称为"花砖",是以砖块为雕刻对象进行美化、改造的一种艺术形式。砖雕多用于传统民居的门楼、院墙和屋顶,既可单独使用也可作为建筑物的整体装修材料或点缀物。砖雕在浙东雕刻艺术上有很高的地位,尤其在门楼的装饰上。由于门楼代表着主人的身份、声誉和修养,因而成为家族或者家庭的标志与象征,所以古人对它的装饰十分讲究,往往倾注了大量的心血和金钱。经过对前童古镇的实地调研和考察,发现只有泽思居院墙和前童小学遗址照壁上有砖雕,其他宅院并不多见。

6.1.4 传统雕刻技法分类

在漫长的历史进程中,劳动人民创造了辉煌多彩的民族文化。传统雕刻技法也是这个文化艺术宝库不可缺少的一部分。传统雕刻技法丰富多样,题材广泛,内容深刻,并与绘画等造型艺术相互渗透、相互影响,既注重写实又追求写意,具有鲜明的民族性和地域性。传统雕刻技法可分为线雕、浮雕、透雕、圆雕、嵌雕、贴雕等门类。

1. 线雕

线雕又称线刻,即用刻刀在物料上刻画纹饰,又有阴线和阳线之分,题材大多以四季花卉、卷草为主,如图6.28所示。用线条刻画物体轮廓线时,花纹凹在物料平面因而把花纹显示出来的技法称为"阴刻";而把线条四周物料除去,让线条凸现在物料上面的技法称为"阳刻"。线雕要求工匠的雕刻功底扎实、雕刻技艺娴熟,才能保证雕件的艺术性。由于线雕对物料的破坏比较小,所以线雕工艺被广泛应用于古建筑的装饰。如木雕构件,常用于梁架、斗栱、绦环板、栏杆、家具等装饰,如图6.29所示。如为石雕构件,多见于石库门、石栏杆、须弥座等装饰。线雕是我国传统民间雕刻艺术的重要装饰技法,经常和浮雕、透雕、圆雕等其他技法结合使用,使构件更加精致美观,富有韵味。

2. 浮雕

浮雕又称阳雕,分为浅浮雕与高浮

图 6.28 线刻

第 6 章
浙东传统民居的装饰艺术特色

图 6.29 月梁线刻

雕。浮雕纹饰浮于木雕构件表面，使画面上的主题图形富有立体感和空间感，起到增强画面整体效果的作用。浮雕易于保存且不易破损，被广泛应用。它可以表现各种题材，如山水、花卉、动物等，或以文字表述寓意内容。高浮雕需要厚雕板，浅浮雕用薄板制作，两者相比，高浮雕具有更强的立体感。高浮雕主要应用于门板、屏风和家具等，浅浮雕所消减的木料较少，常用于承重构件中，如撑拱、月梁等。浮雕装饰手法是一种综合艺术表现形式，其造型夸张而富有变化，构图严谨且富于节奏感，具有很强的表现力，如图 6.30 所示。

3. 透雕

透雕又称镂雕，在浮雕的基础上镂空背景部分，使得整幅作品产生强烈的虚实对比，从而使得图案更具有立体感，装饰性更强。透雕分为立体透雕和平面透雕两大类。立体透雕又称双面镂空雕，即构件的正反面都进行雕刻，可用于花罩、雀替等。平面透雕也叫单面镂空雕，它是在构件正

图 6.30 人物浅浮雕

179

面进行雕刻,背面不雕刻,其工艺相对简单,在雕花板中应用较多。透雕大多用在非承重装饰构件中,常以龙凤、花鸟、回字纹、草龙、卷草等为装饰图案,如图 6.31 所示。透雕的雕刻手法粗犷而不失细腻,柔润圆滑的线条更显独特,烘托了古建筑或家具大气沉稳的气质。

图 6.31　透雕

图 6.32　人物圆雕

4. 圆雕

圆雕是把构件雕刻成一种不附着于任何背景的立体图像,可以从多个角度进行鉴赏,如图 6.32 所示。圆雕作品中所用材料一般为木材或石材。圆雕常采用仙人、佛像、珍禽和瑞兽等题材,大多用于垂花头、斗栱、雀替等装饰。对较大形状的圆雕构件,就需要在制作的过程中,通过榫卯、胶等方式使构件组合成一个整体。创作的时候要与具体情景相结合,选择恰当的技法与材料,同时注重整体设计,布局合理,协调各部分关系。圆雕可分为单体圆雕和复体圆雕两种。单体圆雕造型简洁、图像清晰,以独立的个体出现,通常不会表现宏大的场面,复杂的情节。复体圆雕又称群雕，通常是将同一门类或不同门类的物体，如人物、动物、植物或道具等进行有机组合，共同完成某一主题。图 6.33 所示为圆雕工艺表现的神鸟凤凰。

图 6.33　圆雕工艺表现的神鸟凤凰

5. 嵌雕

嵌雕是以木料为基料，在构件平面上镶嵌玉石、玛瑙、翡翠、象牙等各种珍贵的材料，运用图案、文字、符号等装饰元素形成的造型艺术。宁波骨木镶嵌是嵌雕工艺的杰出代表，2008 年被列入第二批国家级非物质文化遗产保护名录，如图 6.34 所示。宁波骨木镶嵌选用黄杨木、红木、花梨木、象牙、牛骨、螺钿、铜片等材料，嵌入木坯的凹槽中，然后打磨雕刻，髹漆形成的传统工艺。它保留了传统木雕技艺中的刻、凿、贴等工艺，造型生动逼真、线条流畅明快、色彩绚丽斑斓。

图 6.34　宁波骨木镶嵌

6. 贴雕

贴雕是指以浮雕为基础，然后用胶粘成浮雕花样板面的一种雕刻方法（图 6.35），可以分为简易贴雕和贴附雕两种。简易贴雕以建筑构件作为雕件，直接粘贴于构件表面或与之融为一体。简易贴雕可根据需要将雕件贴到墙面或者天花板上形成各种花纹及形态的立体空间，它具有制作工艺简单、成本低廉和视觉效果好等特点。贴附雕就是在构件基料原高或原厚处部分贴附相应材质，经过加工雕刻，使之形成整体，以达到美化建筑物的手法，可用于雀替和花罩。

图 6.35　贴雕

6.2
传统装饰图案的艺术特色

装饰图案的产生和发展经历了漫长的过程，不同时代的社会背景决定了装饰图案具有各自独特的表现形式和审美特征。古建筑的形式美和艺术美在于聚落空间、整体格局、建筑细节的协调统一，使人们在视觉和内心感受到建筑之美。装饰图案作为一种特殊的符号系统，既可用于建筑内部，也可用于建筑外部环境，如梁架、雀替、门窗、栏杆、屏风、家具等。装饰图案与建筑相辅相成，共同构成完整的建筑造型，并体现出特定的地域文化特征。

传统装饰图案艺术源远流长，博大精深，是我国劳动人民智慧的结晶。它不仅表现了古代社会生活的各种具体形象，同时还蕴含着深刻的哲学思想。装饰图案的选题非常广泛，或自然或人工的图案赋予吉祥喜庆的寓意，或明或暗的图案表达最真挚的情感。在众多的装饰图案中,"福禄寿喜财"是人们最喜闻乐见的装饰图案,尤其是"福"字图案使用最广泛,反映了人们追求幸福安康的美好愿望。各类动植物也分别有不同的吉祥寓意,体现我国传统文化中人与自然和谐相处的哲学思想。"松"与"竹"有挺拔之意,象征着坚韧不屈、顽强奋斗的性格,被称为君子之物。梅花傲霜斗雪,凌寒开放,给人以坚贞不渝的信念,如图 6.36 所示。"松""竹""梅"所蕴含的人生哲学,正是文人雅士们的精神寄托和理想追求,因此"松""竹""梅"被誉为"岁寒三友"。牡丹以富贵端庄为美,又兼具祥瑞之兆,被视为财富和幸福的象征。莲花因其高洁的品质,博得世人的青睐,被视为吉祥富贵的化身。"莲"与"荷"又代表着清静无为、淡泊超然的状态和高尚情操,"莲者清也"则是对这两种境界的

图 6.36 梅花图案

概括。大象背上披着卍字纹的装饰布,象征着平安、兴旺,寓意着"太平有象""太平吉祥"。琴、棋、书、画作为装饰题材具有丰富的造型美和形式美,表现了古代文人超凡脱俗的生活追求。浙东地区的地方戏剧、民间传说、历史典故、古典文学也常成为装饰图案的重要来源,通过艺术的再加工,使得装饰图案具有浓厚的地方特色,体现了浓厚的地域文化底蕴,也逐渐影响着当地百姓的思想和行为。

前童古镇现有的装饰构件题材丰富,造型独特,具有浓厚的乡土气息。山水人物、花鸟鱼虫、历史典故等题材体现出古代劳动人民的智慧,寄托着人们对美好未来的憧憬,也反映了当地物阜民丰的经济实力。能工巧匠依靠娴熟的技艺和对传统图案的掌握,将精美的图案装饰在梁枋、门窗、匾额、雀替、屏风等构件上,从而成为我们认识艺术符号最好的媒介,显示了中国文化的独创性与高雅性。

6.2.1 文字图案

文字图案就是以汉字为载体,表达一定思想内容的图案样式。它有一个产生发展过程,从甲骨文到金文再到小篆,最后又演变为隶书、楷书、行书、草书等各种字体。在这个过程中,文字不断地进行着变化,而装饰纹样也随之发生改变。在历史长河中,文字与纹饰均渐趋成熟,形成了以民族文化为特征的艺术形式。吉祥喜庆是人们对生活美好向往的一种表现方式,也是社会进步、文明发展的体现。"福""禄""寿""喜""财"等词使

传统聚落的空间特征解析与传承：
以前童古镇为例

图 6.37　五福捧寿

用频率最高，采用同意或同声表达吉祥如意，平安幸福。在传统吉祥图案中，"福"与"禄"紧密关联。"福"代表着富贵、福运、福气，"禄"也是代表福气、官位，"福""禄"两字都表达了求财、求富的愿望。"寿"是人们对长寿和永生的追求，常用"寿"字直接表达愿望，也用"寿"字与仙桃或蝙蝠组成图案，形式上更加美观。"福""禄""寿"常与其他吉祥文字组合，表达多福多寿、福寿双全的愿望。文字图案中还经常使用借词、借声或谐音等技巧来增添寓意。"莲"与"连""年"、"鱼"与"余"、"鹿"与"禄"构成了一系列吉祥如意的图案。群峰簪笏台门两侧瓷盘上的"五福捧寿"图案，正是运用这一技巧进行展示，形象鲜明，趣味盎然，如图 6.37 所示。浙东地区也常用汉字、诗词和对联等直接装饰在山墙、台门和门窗的格心、绦环板，增加了装饰性和趣味性，如图 6.38 所示。在小桥流水、群峰簪笏等宅院的山墙上，装饰着用堆塑技法表达的"小桥流水""群峰簪笏"等文字，后来宅院也以此命名，如图 6.39 所示。

图 6.38　台门上的文字装饰

图 6.39 山墙上的"群峰簪笏"文字

6.2.2 几何图案

在传统文化艺术领域里,几何图案是常用的造型手法,广泛应用于建筑、绘画、雕刻、陶瓷等各种造型艺术之中。几何图案是以几何线形为基础,通过线条的变化与组合创造出具有动态美与静态美的花纹。它主要由直线构成,也可根据需要进行曲线处理。常用的几何图案有卍字纹、回字纹、云头纹、龟背锦和铜钱纹等。这些纹样既可以单独出现,又能组合成各种几何图案,表现出极强的装饰性效果。几何图案也经常与铜钱纹、中国结组合,形成了我国特有的装饰风格。就建筑装饰而言,几何图案在隔扇门窗、家具、屏风、挂落、石花窗等处有着广泛的应用。

1. 卍字纹

《新译大方广佛华严经音义》提到:"卍字本非是字,大周长寿二年(693年)主上权制此文,着于天枢,音之为万,谓吉祥万德之所集也。"所以梵文卍在佛教文化里表示吉祥。卍字纹分为正纹和斜纹,也有单卍字与多卍字图案,寓意万古流芳、万事如意。卍字纹的构造简洁而有规律,表现为回转对称、节奏鲜明。卍字纹常以四端向外延伸,或由多个卍字纹构成连续的图案,一般用于漏窗、栏杆、挂落、家具、鼓亭等装饰,寓意万福万寿绵长不断,因此也叫万寿锦,如图 6.40 所示。

2. 回字纹

回字纹因为其形状像汉字中的"回"字,所以称为回字纹。回字纹是由时断时续的横竖线条组合而成,横竖线条逐层向内弯曲呈回字状,有圆形和方形两种图案。回字纹层次分明，线条流畅连贯，具有很强的节奏感和韵律感，主要用于装饰图案的底纹和边饰，意为福寿绵长，如图 6.41 所示。回字纹常与其他图案组合，并因其独特的造型美而备受青睐。构成的各种组合图案在建筑、家具中广泛使用，尤其是隔扇门、隔扇窗的回字纹运用最多。

图 6.40　卍字纹鼓亭

图 6.41　回字纹鼓亭

3. 云头纹

云头纹以如意、灵芝为原型变化而来，柔美的线条对称分布，形成了独特的云朵形状。云头纹回环曲折，变化多端，吉祥喜庆又不失活泼灵动。云头纹通常与瓶、磬、牡丹等一起组成平安如意、吉庆如意、富贵如意等吉祥图案，在民间广为流传。云头纹装饰在屋脊、雀替、月梁、屏风上，既美化了建筑和居室环境，还把吉祥美好的愿望表现得淋漓尽致，如图 6.42、图 6.43 所示。

4. 龟背锦

龟背锦又名龟纹锦，是以正八边形或者正六边形为元素的装饰图案，如图 6.44 所示。它由古代民间流传下来的吉祥图案发展而来。在中国传统民俗文化中，龟是吉祥灵兽之一，又是吉祥、长寿的象征。龟背锦图案似龟壳的肌理，显得古朴而典雅，寓意人们对健康长寿的期盼，从而成为一种极具生命力和民族性的文化符号。龟背锦图案广泛运用于建筑装饰艺术，常用于古建筑或古典园林中的窗户、门楣、梁枋等装饰，传达着延年益寿的吉祥寓意。

图 6.42 云头纹屋脊装饰

图 6.43 云头纹鼓亭

图 6.44 前童大祠堂龟背锦隔扇窗

5. 铜钱纹

铜钱纹是外部圆形内部正方形或者外部圆形内部四条弧线组合而成的装饰图案，类似古代钱币，故名铜钱纹，如图 6.45 所示。铜钱纹有单个、并列、交叠等形式，大多与卍字纹、蝙蝠图案、喜鹊图案等组合，造型多样，寓意丰富。铜钱纹是财富的象征，隐含着财源广进、招财进宝，深受古代商贾青睐。铜钱纹通常以两个或四个方向连续排列，或以一系列圆圈两两相交套合排列，从而形成环环相扣的图案，也叫套钱纹。门窗、梁枋、建筑彩绘、鼓亭都可见铜钱纹，寄托着财源滚滚，财源广进的愿望，如图 6.46 所示。

图 6.45　铜钱纹

图 6.46　铜钱纹鼓亭

几何图案变化多端，形态各异，广泛运用于建筑、雀替、挂落及各种生活器具等，如图 6.47 所示。

图 6.47 前童古镇传统民居几何纹隔扇窗

6.2.3 传统瑞兽祥禽纹饰

建筑不管是整体造型还是局部装饰,都离不开艺术形象的塑造。我国古代劳动人民根据自己的审美,创造并积累了大量寓意祥瑞的动植物造型,常使用龙、凤、虎、鹤、象、蝙蝠、喜鹊等动物来抒发感情、借物喻志。喜鹊是最受欢迎的,象征喜事连连,民间常以喜鹊登梅纹作为宅院的装饰。狮子是力量和智慧的化身，常被作为大门两旁的护门兽，也象征着权力、地位及财富。明清时期传统的瑞兽祥禽图案日趋成熟，更加注重姿态和特点的表现，传递感情和期许。在建筑装饰中，不仅会运用个体的动植物形象，还经常将各种吉祥的动植物形象结合起来，表现更多的思想内涵。喜鹊和莲蓬组合就有喜得连科之意；鹿和蝙蝠的组合象征着福禄双全。

1. 龙凤纹

龙凤源自古人对自然与动物的崇敬，经过艺术加工与创作，最终成为中国传统文化的标志。龙是具有特殊象征意义的图腾形象，也是我国古代帝王们最喜爱的吉祥图案。商周时期，龙纹被正式用作皇帝独有的纹饰并成为皇权的象征。凤是中国古代最受崇拜的图腾之一，象征吉祥幸福，常和龙齐名。秦末儒生孔鲋撰写的《孔丛子·记问》载述："天子布德，将致太平，则麟凤龟龙先为之呈祥。"民间常以抽象化的形式来表现龙纹，按其特征分为夔龙和香草龙，两者具有明显的装饰性和象征性。夔龙图案表现为龙头与回字纹形龙身、龙足相连，翻转盘曲，也称为拐子龙。香草龙的图案呈现龙头与植物卷草相连的特征，形象优雅美丽，简称草龙。通过工匠灵巧的手和非凡的创造力，夔龙、香草龙等纹饰变化自如，常装饰在门、窗、梁枋、挂落、鼓亭等部位，如图 6.48、图 6.49 所示。行龙纹、团龙纹、双龙戏珠纹也是常见的装饰题材。龙凤纹常与云头纹、植物纹等图案结合，隐喻着喜庆祥和、世道昌盛。

图 6.48 明经堂龙纹梁架

图 6.49　龙凤纹

2. 蝙蝠纹

我国传统装饰艺术中，由于"蝠"和"福"同音，因此蝙蝠也被视为幸福的象征。工匠通过对蝙蝠形象艺术化表现，将蝙蝠美化成翩翩起舞的蝴蝶，极具美感和艺术性，具有极高的欣赏价值。蝙蝠图案有居中倒挂式、居边侧飞式，都寓意着福从天降。蝙蝠图案千变万化，有蝙蝠口衔铜钱或绶带，或与寿字、双鱼、寿桃组合，表达了人们对多福多寿、幸福安康的祈愿，如图 6.50 所示。五只蝙蝠围绕着中间的寿字，就是五福捧寿，画面富贵而喜庆。蝙蝠纹与云头纹组合在一起，被称为洪福齐天。蝙蝠、寿山石加上如意或灵芝，名曰平安如意。这些吉祥图案广泛用于传统建筑、鼓亭和各类器物中，形成独特的艺术形式。

图 6.50　蝙蝠纹

3. 狮纹

狮子同龙凤一样，是中国民俗文化中最为常见的吉祥神兽之一。"狮"与"事"谐音，具有事事如意的美好寓意。狮子在百兽中占有至高无上的地位，它是勇敢、力量和祥瑞的化身。经过工匠们的艺术创作，狮子造型优美生动，时而端庄威严、时而张口嬉笑，展现出粗犷豪放、刚劲有力的气势，如图 6.51 所示。民间相信狮子可用来镇宅驱邪、保平安，尤其在官式建筑的院门外通常会设置一对狮子石像。狮子滚绣球也是常见的图案，寓意消灾、驱邪、赶走一切灾难，而好事马上就要降临。所以常言道："狮子滚绣球，好事在后头。"在寺庙、宫殿、园林建筑中，都有以狮子为题材的装饰图案，或口衔飘带，或一只脚按着小狮子，或单足抱住绣球，十分惹人喜爱。

图 6.51　狮子纹

另有麒麟、喜鹊、鹿、鹤、鱼等代表祥瑞、富贵、平安的瑞兽，如图6.52～图6.55所示。这些瑞兽在中国民间广泛流行，其形象出现在各种民俗活动和装饰图案中，传达着人们对幸福生活的不懈追求。

图6.52 麒麟纹

图6.53 喜鹊纹1

图6.54 喜鹊纹2

图6.55 仙鹿纹

6.2.4 植物花卉纹饰

大自然中的各种植物都可以成为植物纹饰，它们以其特有的姿态与色彩，给人高雅、美好的想象空间。牡丹、芍药、佛手、菊花等是象征高尚品格、富贵平安的植物，也成为装饰的常用题材。这些植物图案比较逼真写实，具有强烈的装饰性和象征性，富有生命力和艺术感染力。被誉为花中四君子的梅兰竹菊，常被用来表达君子的清高品德。植物图案既可以多种图案组合表现，也可独立表现，灵活多变。如石榴、佛手、仙桃的组合寓意多子多寿多福；仙桃配桂花则是贵（桂）寿无边。

1. 莲花纹

荷花又名莲花，周敦颐在《爱莲说》中说"出淤泥而不染，濯清涟而不妖"。由此荷花被赋予了诸多美好寓意，如君子人格和清高品德等。佛教认为莲花是圣洁之花，它代表净土，象征清净，寓意吉祥，所以佛祖像经常端坐莲台之上。荷花图案变化多端，缠枝荷花纹结合水鸟游鱼等动物纹，也是常用的题材，如图6.56所示。又因莲子象征爱情，一梗二花制成并蒂莲花纹，象征着夫妻恩爱、美满幸福（朱朝霞，苏方军，2012）。此外，还有以荷叶、莲花形成的纹饰。建筑的柱础常用荷花瓣作装饰图案，与庭院的自然景观相映成趣。

图 6.56　荷花纹鼓亭

2. 缠枝纹

缠枝纹又称万寿藤，以常青藤、紫藤等藤蔓植物为原型提炼变化而成。因其纹路连绵不断，寓意生生不息、万代悠长，其造型生动简洁，富于韵律美，给人以清新典雅之感。缠枝纹的花枝两两相缠，直到枝梢分叉伸展，构成了悠扬的波浪线结构，周而复始，变幻无穷。缠枝纹与牡丹组合成缠枝牡丹图案，象征富贵吉祥，从古至今都是人们喜爱的装饰题材，如图 6.57 所示。

图 6.57　缠枝纹鼓亭

3. 一根藤

一根藤以藤本植物为原型，仅仅是由藤蔓一样的曲线组成，在形式上达到高度的简洁。它无间断的蜿蜒曲折、首尾相连、线条圆润，象征着坚韧不拔、繁荣昌盛，如图 6.58 所示。古人认为门窗上的一根藤图案是有生命力的，就如他们的生活也会因一根藤而变得枝繁叶茂，表达了古人对美好生活的向往和追求。一根藤常与其他装饰图案相结合，最常见的是一根藤在窗面中央盘曲出扇形、瓶形、圆形等形状，再在中间镶嵌上文字、花鸟等吉祥图案，使画面更加丰富多彩，寓意也更加深远和鲜明，如图 6.59 所示。

图 6.58　明经堂一根藤挂落

图 6.59　一根藤鼓亭

4. 灵芝纹

东汉张衡在《西京赋》中记载了有关灵芝的内容："浸石菌于重涯，濯灵芝以朱柯。"灵芝寄生在枯树朽木之上，具有枯木逢春的寓意。古人将其视为长寿之物，并认为灵芝有起死回生、祛病延年的作用，寓意着吉祥如意、延年益寿。灵芝纹有缠枝式、穿枝式和折枝式，常与长春花、桃子或寿字组合。灵芝、仙鹤、寿桃和祥云共同组合成灵仙祝寿图案，寓意长寿无疆。

此外，还有海棠花纹，象征着君子般才貌双全的女性，海棠花有花中神仙的美誉。菊花则代表高洁清贞、坚贞不屈，与梅花相互映衬，给人以高雅、脱俗之感。石榴纹寓意多子多福，表达了对生命的盼望和延续。这些图案都是中国古代劳动人民智慧的结晶，如图 6.60 所示。

第 6 章
浙东传统民居的装饰艺术特色

图 6.60　群峰簪笏花卉纹隔扇窗

6.2.5　以神话、宗教、民俗为题材的纹饰

由神话传说、历史典故、民间戏剧等发展起来的纹饰，通常是以人物为主人公，并辅以植物、瑞兽等构成的图案，广泛应用于建筑、器物和服饰。这些纹饰具有独特而丰富的内涵，其寓意深刻且耐人寻味。与神仙有关的传说中，最常见的是八仙故事，古人深信八仙、暗八仙、八宝等法器能制服妖魔，驱邪避邪。另外福禄寿、麻姑献寿（图 6.61）、渔樵耕读等一系列生动有趣的图案，也是常见的装饰题材。借助不同场景构成的长卷经典人物系列故事中，亭台楼阁、花草树木应有尽有，人物和文字相映成趣，相得益彰，如图 6.62 所示。

1. 八仙、暗八仙

八仙过海是中国民间流传很广的神话传说，相传白云仙长有一次在蓬莱仙岛牡丹盛开时，邀请八仙及五圣一起参加盛会。回程时，铁拐李建议不乘船并各自施展本领过海，这便是后来"八仙过海，各显神通"或"八仙过海，各凭本事"的起源，因此八仙过海也是常用的装饰题材，如图 6.63 所示。八仙所持之物分别是汉钟离的芭蕉扇、张果老的渔鼓、韩湘子的横笛、铁拐李的铁杖和葫芦、吕洞宾的长剑、何仙姑的荷花和笊篱、蓝采和的花篮、曹国舅的玉板。这些物品都属于日常生活使用的器具，道教把这几件物品奉为神物。常用八仙所持的器物代表八位神仙，因此称为暗八仙，体现了古代劳动人民对于神仙崇拜

传统聚落的空间特征解析与传承：
以前童古镇为例

图 6.61　麻姑献寿纹鼓亭

图 6.62　长卷经典人物系列故事图案

图 6.63　八仙过海 1

的心理和愿望。八仙、暗八仙多用于木雕、砖雕、石雕等民间工艺，它们是匠人智慧的结晶，传承着古老的文化与信仰。它们以其丰富而又独特的寓意成为民间信仰生活中不可缺少的装饰艺术形式，如图6.64所示。

2. 八吉祥纹

佛教八吉祥又称佛教八宝，即法螺、白盖、莲花、盘长、宝瓶、宝伞、金鱼和法轮八种宝物。佛教认为八吉祥是祥瑞之物，也是佛教徒祈求风调雨顺、五谷丰登的神物。八吉祥造型优美，纹饰精美，因此八吉祥纹是民间常用的图案，如图6.65所示。盛甘露的宝瓶，寓意吉祥如意。"吉祥结"又称"盘长"，线条盘曲相连、首尾相接，寓意长盛不衰。八

图6.64　八仙过海2

图6.65　八吉祥纹

吉祥纹常被用于装饰隔扇门、石花窗、牛腿等部位,造型古朴。

3. 八宝纹

儒家注重诗书礼乐、仁义道德、耕读传家,由此在民间形成了八样代表性器物,即玉磬、卷轴、犀角、铁笔、菱镜、方升、艾叶和金钱,文人称之为"八宝"。这些物品代表了儒家思想的精髓,也承载着中国古代文人的理想和追求。八宝纹经过演变已形成固定的图案,其中琴棋书画分别简化为竖琴、棋盘、书函和画卷,造型简洁明快,线条流畅。八宝纹常出现在门头、梁枋、石花窗中,具有装饰性与象征性。图6.66所示为八宝纹石花窗。

4. 福禄寿

福禄寿是民间流传甚广的三位神仙,是幸福、如意、长寿的象征,如图6.67所示。福星头戴官帽,手捧玉如意或婴孩,代表着平安如意、福星高照;禄星手持如意,也叫文昌星,代表着财富、成功;寿星头大似寿桃,白须垂至腰间,手持龙头杖和大仙桃,寓意健康、长寿。中国人对福禄寿有着深厚的情感,建筑、家具、鼓亭等装饰经常出现福禄寿的形象,最能反映出人们对幸福生活的追求。

图6.66 八宝纹石花窗

图6.67 福禄寿

关公像、孔子像、和合二仙等常见的中国传统典型图案，表达了民间对吉祥寓意的美好追求，如图 6.68～图 6.70 所示。

图 6.68　关公像

图 6.69　孔子像

图 6.70　和合二仙

第 7 章 前童古镇保护传承和发展

截至 2022 年，全国共有 140 座国家历史文化名城，312 个中国历史文化名镇，487 个中国历史文化名村，6819 个村落被列入中国传统村落保护名录，形成了世界上规模最大的农耕文明遗产保护群。在快速城镇化进程中，部分历史文化资源由于各种原因逐渐被拆除或废弃，然而这些珍贵的历史文化遗产不仅是我国悠久文明的见证，也是城市发展不可或缺的宝贵财富。因此如何使更多优秀的历史文化遗产能够得到切实的保护、传承和发展，成为我们要共同面对的一个重要课题。

2022 年，浙江省人民政府发布《关于推进文化和旅游产业深度融合高质量发展的实施意见》。该意见的指导思想是：以习近平新时代中国特色社会主义思想为指导，全面贯彻党的二十大精神，忠实践行"八八战略"，以数字化改革为动能，实施重大文化产业项目带动战略，以文塑旅、以旅彰文，推动文化和旅游在更广范围、更深层次、更高水平上实现融合发展，让文化和旅游产业成为人民群众感悟优秀文化、增强文化自信、享受美好生活、实现精神富有的重要载体，为高水平推进文化强省建设、打造新时代文化高地、实现"两个先行"提供有力支撑。实施意见提出了实现现代文化和旅游融合产业体系、"诗画江南、活力浙江"、国内外知名的文化旅游目的地的发展目标。

在意见指导下，各地该如何立足比较优势，突出功能定位，实现差异化、特色化发展？历史文化名城名镇名村承载着地方社会演变与文化发展的历史记忆，见证着一代代人的生计变迁，承载着浓厚的地方精神及人文气息。如何进一步挖掘历史文化名城名镇名村资源，使历史文化与现代生活融为一体，创新旅游业态和供给，实现历史文脉的延续，推动历史文化遗产的保护、传承和发展？历史文化名城名镇名村迎来了前所未有的机遇和挑战。本章以前童古镇为研究对象，通过对其政策背景、历史沿革、建筑形态、空间格局、保护和发展等方面进行调查分析，从地域特色的角度出发，探讨历史文化名城名镇名村在当代的价值内涵和发展途径。

7.1
历史文化遗产保护和传承的政策背景

7.1.1 《关于实施中华优秀传统文化传承发展工程的意见》

2017 年 1 月，中共中央办公厅、国务院办公厅印发了《关于实施中华优秀传统文化传承发展工程的意见》。该意见的总体目标是：到 2025 年，中华优秀传统文化传承发展体系基本形成，研究阐发、教育普及、保护传承、创新发展、传播交流等方面协同推进并取得重要成果，具有中国特色、中国风格、中国气派的文化产品更加丰富，文化自觉和文化自信显著增强，国家文化软实力的根基更为坚实，中华文化的国际影响力明显提升。

文化是民族的血脉，是人民的精神家园。文化兴国运兴，文化强民族强。没有高度的文化自信，没有文化的繁荣兴盛，就没有中华民族的伟大复兴。文化自信是更基本、更深层、更持久的力量。要实现这个目标，必须坚持社会主义核心价值体系引领地位不动摇，大力弘扬中华优秀传统文化。

7.1.2 《关于在城乡建设中加强历史文化保护传承的意见》

2021年8月，中共中央办公厅、国务院办公厅印发《关于在城乡建设中加强历史文化保护传承的意见》。该意见指出：在城乡建设中系统保护、利用、传承好历史文化遗产，对延续历史文脉、推动城乡建设高质量发展、坚定文化自信、建设社会主义文化强国具有重要意义。要"做到空间全覆盖、要素全囊括，既要保护单体建筑，也要保护街巷街区、城镇格局，还要保护好历史地段、自然景观、人文环境和非物质文化遗产，着力解决城乡建设中历史文化遗产屡遭破坏、拆除等突出问题，确保各时期重要城乡历史文化遗产得到系统性保护，为建设社会主义文化强国提供有力保障"。

保护与传承历史文化，不仅需要对历史遗存物质形态及其承载着丰富的精神内容加以保护，还需要融合人文环境、自然景观环境等要素，构成一个可持续发展的完整体系，实现物质文化遗产与非物质文化遗产的有机融合和综合保护与传承。

7.1.3 《关于学习贯彻习近平总书记重要讲话精神 全面加强历史文化遗产保护的通知》

2022年1月，习近平总书记考察调研世界文化遗产平遥古城，就保护历史文化遗产、传承弘扬中华优秀传统文化发表重要讲话。习近平总书记强调：历史文化遗产承载着中华民族的基因和血脉，不仅属于我们这一代人，也属于子孙万代。要敬畏历史、敬畏文化、敬畏生态，全面保护好历史文化遗产，统筹好旅游发展、特色经营、古城保护，筑牢文物安全底线，守护好前人留给我们的宝贵财富。

2022年2月，中共中央宣传部、文化和旅游部、国家文物局联合印发《关于学习贯彻习近平总书记重要讲话精神 全面加强历史文化遗产保护的通知》。该通知明确指出：要坚持以文塑旅、以旅彰文，用好历史文化遗产，用好革命文物、爱国主义教育基地等红色资源，扶持旅游特色经营、培育传统文化产业，推进历史文化遗产与旅游深度融合，大力发展红色旅游，理顺文物保护单位与旅游景区关系，提升文化遗产类景区管理水平。

7.1.4 党的二十大报告

2022年10月16日至22日，中国共产党第二十次全国代表大会在北京举行。习近平总书记作了《高举中国特色社会主义伟大旗帜　为全面建设社会主义现代化国家而团结奋斗》的报告。该报告指出：加大文物和文化遗产保护力度，加强城乡建设中历史文化保护传承。历史文化遗产不仅生动述说着过去，也深刻影响着当下和未来；不仅属于我们，也属于子孙后代。保护好、传承好历史文化遗产，既是对历史负责、对人民负责，也是提升城市文化软实力、塑造城市发展新优势的重要抓手。

因此在历史文化名城名镇名村保护、利用和传承工作中，我们要坚持保护第一，注重系统保护、整体保护，要有效挖掘它们的历史、文化和科学价值，找准历史和现实的结合点，在保护中发展、在发展中保护。坚持以人民为中心，积极推进优秀传统文化创造性转化、创新性发展，将历史文化保护传承融入经济社会发展、生态文明建设，融入群众现实生活，不断满足人民日益增长的美好生活需要。

7.2 旅游业的发展现状及趋势

7.2.1 旅游业发展现状

2022年12月，中国旅游研究院发布了《中国国内旅游发展年度报告（2022—2023）》。该报告依托旅游经济监测与预警数据、旅游客流数据、国内旅游抽样调查数据、各省份旅游统计数据等资料，对国内旅游的客源市场、目的地市场、旅游流动特征等进行了研究。该报告表明：城镇居民和高学历人群是我国最主要的旅游客源市场，占比分别达到72.15%和42.27%。国内旅游呈现本地化、近程化特征，省内旅游客流占国内旅游客流的81.24%，且81%的省际旅游客流为相邻省份间的旅游流动。

1. 国内旅游经济景气指数下降

2022年前三季度的旅游经济运行综合指数分别为95.6、97.8、85.6，环比分别下降3.3、上升2.2、下降12.2，总体处于景气荣枯线（100）之下。国内旅游市场小幅收缩，2022年前三季度国内旅游人数20.94亿人次，比2021年同期减少5.95亿人次，同比下降22.1%。2022年前三季度国内旅游收入（国内旅游总消费）1.72万亿元，比2021年同期减少0.65万亿元，同比下降27.2%。预计2022年第四季度国内旅游人数6.85亿人次，国内旅游收入0.63万亿元。

2. 本地游和周边游成为重要形式

2022年国内旅游的出游距离和目的地游憩半径明显收缩，近程旅游和本地休闲游成为国内旅游的空间特征。国内旅游呈现出短时间、近距离、高频次等新特征，"轻旅游""微度假""宅酒店"等成为新亮点。

3. 旅游新产品新业态受到青睐

2022年在冬奥会的带动下，以京张体育文化旅游带为代表的户外体育运动活跃，滑雪、露营、登山、徒步、骑马、滑草、漂流等活动成为人们亲近大自然的新兴玩法。2022年夏季国内多地高温，滨水休闲、生态康养、乡村田园、都市休闲、避暑旅居等旅游产品受到游客喜爱。

4. 中老年旅游者成为重要客源

2021年45岁以上的中老年旅游者合计出游11.94亿人次，占据了国内旅游客源市场的36.81%。与此同时，14岁及以下青少年旅游者增速较快。"一老一小"成了国内旅游的亮点和重点，老年旅游、康养旅游、研学旅行等具有广阔前景。

7.2.2 旅游业发展趋势

随着我国经济进入高质量发展阶段，旅游产业也将迎来新一轮的增长机遇。随着复工复产的推进，旅游人次持续回升，旅游业转型升级是大势所趋。在新常态下，我国旅游消费已由传统观光型向休闲度假型、深度体验型转变，旅游消费结构正在发生深刻的变化。旅游市场将更加开放和细分，旅游企业和旅游目的地越来越重视品牌建设。同时，旅游产业与其他行业融合进一步加深，旅游产业链不断延伸，新业态、新模式不断涌现。今后的旅游消费会更关注需求的个性化、服务的体验化、产品的多样化。旅游业发展将呈现以下几个特点。

1. 复工复产工作有序推进

随着新冠疫情得到有效控制，全国各地旅游业全面复工复产，行业整体回暖。国内、国外旅游市场平稳复苏，消费升级成为新常态下拉动经济增长的重要引擎，大数据加速了产业融合发展，为推动产业转型升级提供了强大动力。

2. 旅游消费潜力得到释放

旅游者对高品质生活方式追求日益强烈，休闲度假成为新趋势。"十四五"末期我国人均GDP将达到1.5万美元，迈入高收入国家行列，这意味着我们将迎来一个更加强大的国内市场，更大规模的中等收入群体，更加充足的休闲时间。这必然带来消费需求规模的扩大和消费结构的升级。

3. 旅游消费模式转型升级

互联网时代，传统旅游向数字化转型已是必然趋势。以5G为主要标志的新技术将进入应用区，形成全球最大的应用市场，将拉动中国数字经济迅猛增长。科技发展将深刻而广泛地改变旅游业，成为驱动文化和旅游业创新、创业最活跃的因素。借助新的科技力量，打破传统产业格局，实现产品创新、业态创新、制度创新、服务创新，构建出现代文化和旅游产业体系。

4. 全域旅游建设加速推进

长三角一体化已上升为国家战略，是区域经济发展的必然选择，也是提升中国竞争力和国际地位的重大举措。上海市提出的"上海市大都市圈"、江浙两省提出的"扬子江城市群""浙江省大湾区"，共同构成了国家战略下的区域协调发展战略。以政府为主导，进一步加大政策扶持力度，多种要素协同作用下推动全域旅游建设。

5. 文化旅游业发展加快

我国非物质文化遗产保护取得突破性进展，文化产业呈现蓬勃发展态势。以文化和旅游融合发展为主线，推动文化和旅游在更广范围、更深层次、更高水平实现融合发展；推进文化和旅游领域供给侧结构性改革，全面提升文化和旅游发展的综合质量和效益。

6. 乡村振兴战略实施提速

在国家宏观政策指导下，乡村旅游迎来新一轮大开发机遇，乡村生态旅游快速崛起。作为一种新型的产业模式和新农村建设途径，乡村生态旅游是农业与旅游业深度融合的产物，也是实现城乡统筹发展，全面建成小康社会、实现共同富裕的重要举措之一。

在此背景下，宁海县积极融入环杭州湾大湾区，更加主动融入长三角一体化发展，率先形成以双循环相互促进的新发展格局，推动文化与旅游高质量发展。本书基于前童古镇的历史文化背景，对国内外最新研究成果及发展趋势进行梳理总结，从全域化视角探讨"文旅融合"模式，以期更好地指导前童古镇的保护、传承和利用，激发古镇活力，提升区域整体竞争力，创建国家AAAAA级旅游景区，实现可持续、健康发展，为其他类似历史文化名城名镇名村发展提供参考借鉴。

7.3 探索古镇保护和发展途径

被誉为"浙东第一镇"的前童古镇保持着传统的建筑秩序、生活方式和淳朴的民风民俗，同时蕴藏着丰富的文化旅游资源、深厚的历史底蕴、浓郁的人文精神及独特的艺术价值。因此，对前童古镇的保护、传承和利用不仅是其自身发展的需要，更是打造国家AAAAA级旅游景区、弘扬中华优秀传统文化的必然需求。

7.3.1 宁海县获评首批国家全域旅游示范区

2016年1月，全国旅游工作会议在海口召开，提出了推动我国旅游从"景点旅游"向"全域旅游"转变。2018年3月，国务院办公厅发布了《关于促进全域旅游发展的指导意见》。该意见指出：着力推动旅游业从门票经济向产业经济转变，从粗放低效方式向精细高效方式转变，从封闭的旅游自循环向开放的"旅游+"转变，从企业单打独享向社会共建共享转变，从景区内部管理向全面依法治理转变，从部门行为向政府统筹推进转变，从单一景点景区建设向综合目的地服务转变。大力推进"旅游+"，促进产业融合、产城融合，全面增强旅游发展新功能，使发展成果惠及各方，构建全域旅游共建共享新格局。

大力发展全域旅游，不断满足新时代人民的美好生活需要，不断增强人民在旅游中的获得感、幸福感，这正是对中国旅游业未来发展方向的准确判断。在全域旅游时代背景下，"资源整合，产业融合，共建共享"已成为旅游业新一轮发展的主要抓手。传统景区缺乏区域经济融合带动的劣势逐渐显现，旅游开发召唤新载体，美丽乡村、风情小镇、旅游综合体、田园综合体等众多"+旅游"新业态不断涌现，然而以旅游业为主导产业的开发平台（即"旅游+"）却很少，而旅游度假区、慢生活休闲区作为典型的产业融合带动效果尚不突出。因此，如何在新形势下推进全域旅游发展成为当下发展中亟需解决的重要课题。

宁海县是《徐霞客游记》的开篇地、"5·19"中国旅游日发祥地。当地政府抢抓休闲旅游发展机遇，积极践行"两山"理念，先后创建国家A级旅游景区7个，全国乡村旅游重点村1个，省级休闲旅游示范村5个，省级A级景区村庄70个，全面构建全域旅游发展格局。2019年9月，宁海县成功获评首批国家全域旅游示范区，系宁波唯一、浙江省三家之一。近年来，当地政府把旅游业作为转型升级新动能和县域经济的支柱产业来抓，积极推动产业结构调整和优化升级，全县旅游业呈现持续快速健康增长态势。目前，宁海旅游已树立"静城宁海"品牌形象和"宁海静是美"的品牌口号，形成了围绕"静城宁海"的四条旅游线路、四季旅游产品体系，形成"一镇一品"的旅游节庆活动、全年无休的旅游节庆体系，不仅为当地村民带来了丰厚的经济效益，也促进了全县经济社会持续、健康、稳定的发展。

2016年当地政府依托宁海县已有旅游基础及发展趋势，编制了《宁海县全域旅游发展总体规划（2016—2025）》。该规划确定了宁海县打造长三角最佳休闲旅游目的地、中国一流的山海静美生活全域旅游目的地的总体目标，提出建设中部城市文旅生活板块、东南部滨海农渔风光板块、东北部山海休闲运动板块、西北部森林温泉度假板块、西南部山乡古镇养生板块五大旅游板块，如图7.1所示。

前童古镇位于山乡古镇养生板块，重点是发展乡愁旅居度假。浙东原乡古镇旅游产业聚集区核心范围以前童古镇为核心，白溪生态景观带为主轴，整合白溪沿线资源至天河村。把握古镇旅游度假趋势，深度挖掘特色自然资源和地域人文资源，立足山水本底，以

传统聚落的空间特征解析与传承：
以前童古镇为例

图7.1 宁海县旅游空间布局

多元文化为介，以明清建筑群为载体，以童姓村落为基础，以展示体验传统儒家文化下宗亲家族全方位的生活方式为核心主题，以"古镇旅游"为撬动，融"主题餐饮娱乐、民俗文化体验、生态旅游休闲、滨湖度假养生"四大体验，集"文化体验、休闲、度假、旅居、养生"五大功能于一体，打造具有国际标准、国内一流、宁海特色的中国历史文化名镇、崇儒重义的浙东童氏文化名镇，如图7.2所示。

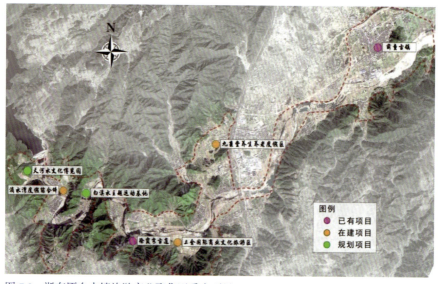

图7.2 浙东原乡古镇旅游产业聚集区重点项目

近年来，随着旅游业的快速发展及人们对高品质生活质量追求的不断提高，越来越多的人开始选择呼吸清新空气、欣赏自然风光的方式来放松身心，宁海县成为众多城市居民休闲度假的首选之地。作为全域旅游重要一环的前童古镇以其优美的自然风光、浓郁的民俗风情和丰富多样的非物质文化遗产，吸引着无数游客前来体验。

7.3.2　前童古镇创建国家 AAAAA 级旅游景区

国家 AAAAA 级旅游景区代表了世界级旅游品质和中国旅游精品景区的标杆。它不仅可以提升城市形象、增强吸引力和知名度，还能拉动相关产业的快速健康发展。目前，我国部分城市已经开始把建设国家 AAAAA 级旅游景区作为旅游业转型升级、提质增效的重要抓手，并取得了一定成效。截至 2022 年 5 月，浙江省共有 19 家国家 AAAAA 级旅游景区，而宁波仅有 2 家，分别是溪口—滕头景区和天一阁·月湖景区。宁波市的旅游品牌较少，缺乏核心竞争力，没有形成规模效应，不利于全域旅游的发展与提升。

古镇承载着一方社会的演变和文化的发展，是中华优秀传统文化的重要载体。古镇的建筑秩序、生活方式、民风民俗是特殊的文化旅游资源，有着多样性、差异性、地域性。前童古镇是浙江省 AAAAA 级景区镇、省级美丽城镇样板镇、浙东唐诗之路的重要节点，经过十多年的发展，为创建国家 AAAAA 级旅游景区打下了扎实的基础。2019 年宁海县提出前童古镇创建国家 AAAAA 级旅游景区的目标，对于全面推进乡村振兴战略、构建全域旅游体系、推动共同富裕有着重要的现实意义。

7.3.3　前童古镇保护、传承和发展现状

党中央提出"加大文物和文化遗产保护力度，加强城乡建设中历史文化保护传承""保护好、传承好历史文化遗产，既是对历史负责、对人民负责，也是提升城市文化软实力、塑造城市发展新优势的重要抓手"。这指出了保护历史文化遗产的重要性与紧迫性，并为我们科学保护历史文化遗产与促进社会经济协调可持续发展指明了方向。保护、利用、传承好历史文化遗产，对延续历史文脉、推动城乡建设高质量发展、坚定文化自信、建设社会主义文化强国具有重要意义。

"活化"历史文化遗产可以有效地激发历史文化遗产的生命力，促进其可持续健康发展，还有助于社会经济的转型升级及产业结构的调整，增强区域竞争力。在具体实践中，应注重文化挖掘、环境整治、旅游休闲等措施，将历史文化遗产资源转化为现实生产力，发挥其潜在价值和功能作用，推动经济社会全面、快速、和谐发展。

广州永庆坊改造在尊重现状的基础上，遵循"修旧如旧、新旧融合"的城市微改造原则，营建以"坊、巷、里、弄"为格局的开放式街区，形成都市中低密度的新人文体验场所，其独特的建筑形式与文化内涵吸引了大量游客前来游玩和购物。它不仅成为市民休闲

娱乐的重要载体，更是一张承载着厚重历史文化底蕴的历史文化名城"金"名片。同时，它还承担起传统商业步行街向现代旅游商业街转型升级的重任，并带动周边地区旅游业发展，改善居民生活环境，推动旧城更新进程。永庆坊注重文明传承、文化延续，让城市留下记忆，让人们记住乡愁，最终蜕变成国家AAAA级旅游景区。

嘉兴西塘古镇以其"小桥流水人家、粉墙黛瓦马头墙"的建筑风格、深厚的历史文化底蕴、古朴的吴侬软语、独特的民俗风情，吸引着各地的游客和文化爱好者，形成了人与自然完美融合的古镇风貌。西塘古镇在开发过程中，正确处理好了"保护与开发，历史与未来，景区经营与百姓生活"之间的关系，保留了千年古镇的原真性、完整性和独特性，使"生活着的千年古镇——西塘"充分彰显了其强烈的个性和多彩的魅力。西塘古镇成为一个充满生机活力的旅游目的地，并于2022年12月入选国家AAAAA级旅游景区品牌影响力100强榜单。

广州永庆坊和嘉兴西塘古镇的保护、传承与发展都是在保留历史外观、再现文化场景的前提下，使已经失去生命的历史文化遗产焕发出勃勃生机。通过时空延续、功能置换、空间重组、符号提炼等手法，将传统与现代完美地结合起来，让古街、古镇重焕生机，在保护、传承与发展之间取得平衡，由此取得了较好的经济效益和社会效益。

1. 解析核心资源，探索发展路径

前童古镇依山傍水、民风淳朴、历史悠久，更因独特的八卦水系、保存较好的明清古建筑群，成为一座看得见青山绿水、记得住乡愁亲情的江南文化古镇。2007年，前童古镇入选第三批中国历史文化名镇。著名画家、导演陈逸飞曾对前童古镇有过这样的评价："前童与江南水乡其他的古镇不同，它不但保护得很好，而且给人以古朴、深厚，很有人文精神的感觉，带着浙东古镇的韵味。"与周庄、乌镇、西塘等众多古镇相比，前童古镇有着自己独有的风格。这里没有商业气息的喧嚣，只有宁静安详的气氛，却处处透着一股浓浓的生活气息，与"静城宁海"品牌形象、"宁海静是美"的品牌口号不谋而合。前童古镇的开发应坚持以人为本，秉承新发展理念，坚持保护与利用相结合，健全保护与利用规划体系，有序保护古镇风貌、修缮修复和改造利用，提升城镇品质和人民生活，让古镇焕发"时代活力"，让居民乐享"现代生活"。通过调研分析，前童古镇的核心资源是古镇、民俗、生态。

（1）一砖一瓦传古韵——古镇。

前童古镇拥有157座明清宅院，是我国江南地区目前保存最完好的明清古建筑群。建筑保持着明清风格，融木雕与石雕于一体，显示出"五匠之乡"的风采。前童古镇的布局肌理、古建、古巷、古井、古桥、古窗等，以固化的物质形态记录、传承着文化。明清古建筑群是前童古镇的底蕴及核心资源，在历史、文化、科学研究方面具有重大意义。

（2）流风遗俗言佳话——民俗。

前童古镇风光秀丽、民风淳朴、民俗文化源远流长，能工巧匠、文学艺术、民俗佳节、土特名优、乡情温舍等汇聚一堂，造就了古朴、浪漫、有活力的江南小镇，形成了以耕读、宗族、儒义、匠人、民俗等为核心的地域文化，经过传承与发展，逐渐成为江南地区具有代表性的历史文化名镇。节庆活动流传至今，最为著名的就是行会、百家豆腐宴、耕牛节、把酒舞、三月三孝娘节等民俗节庆，是欣赏地方民俗文化的好去处。由于木匠、雕刻匠、泥瓦匠、漆匠、竹篾匠精湛的工艺，闻名遐迩，从而被称为"五匠之乡"。节庆活动与民俗技艺等民俗文化呈现形式多样，同时也彰显着前童古镇的美好生活方式，是旅游产品体验的亮点。

（3）灵山秀水隐前童——生态。

前童古镇拥有得天独厚的地理位置，两山对峙，两水环绕，山水交汇成一幅美丽的画卷；静山舞水，动山戏水，山水动静相济展现了大自然的神奇与美妙，"塔峰斜峙双华表，溪水周流一玉环"，道出了前童孤山与溪流相对应的旖旎风光。前童古镇生态资源丰富，主要包括以鹿山、塔山、石镜山为主的山体资源，以白溪、孝女湖、八卦水系、庙湖为主的水系资源，以及古镇与白溪之间肥沃的田园。前童古镇整体自然环境优美，山水相依、田畴肥沃，梁皇溪与白溪两溪环绕，塔山与鹿山两山对峙。优质的山水资源孕育着古镇百姓安静祥和的生活方式，是古镇发展的环境基础。

在前童古镇保护和发展的过程中，当地政府抢抓机遇谋发展，在促进能级提升中开创旅游事业崭新局面，坚持"保护历史真实性、风貌完整性、维持生活延续性"的原则，秉承"内提外拓"的开发思路，在全域旅游战略部署下，立足生态资源，深度挖掘文化资源，盘活产业资源，不断优化前童古镇历史文化资源的保护、传承和利用。目前正全力推进国家AAAAA级旅游景区创建，已成功创建了全市唯一的省AAAAA级景区镇和市级全域旅游示范区，并被列入浙江省耀眼明珠培育对象。

前童古镇与自然山水格局相结合，创造出充满地域特征的景观空间形态；突出历史文化遗产保护利用和传统街区更新建设；重视古镇风貌的更新与升级，弘扬乡土民俗文化，形成特有的文化底蕴；强化城镇功能与特色定位，提高镇区品质；加强基础设施建设，营造良好生态环境；强调乡村振兴发展，促进古镇的美丽蝶变。

2. 以规划为引领，加强顶层设计

我国目前有很多具有代表性和典型性的传统古镇古村，由于保护意识到位，在城市化进程中注重历史风貌保留和特色景观营造，使传统古镇古村焕发出新的生机。如何把历史文化资源转化为现实生产力，使之更好地服务于社会经济的发展？如何让古老而有底蕴的古镇、古村焕发出新时代的活力？如何把历史文化资源融入新农村建设，实现乡村振兴？这就需要我们对古镇古村进行科学的规划、保护、利用、传承和管理。

2007年5月，前童古镇入选第三批中国历史文化名镇，当地政府先后邀请多个专业团队指导前童古镇的保护和发展，其中包括古城保护专家阮仪三教授等众多知名学者，他们提出了一系列富有建设性、指导性的意见和规划。在当地政府的大力支持下，经过十多年的不断探索和实践，已形成以明清古建筑群为主体、古街巷为脉络的历史遗存体系，古镇的发展也取得了丰硕成果。当地政府注重规划引领，坚持历史文化遗产高品质的保护、传承和利用，注重将文旅、商业、艺术等元素融入古镇发展，实现景镇融合、协同发展，使前童古镇创建国家AAAAA级旅游景区更具有前瞻性、科学性和专业性。前童古镇的保护和发展工作有序推进、基础设施逐步完善、生态环境明显改善、居民生活条件显著提高、城镇功能日趋完善。

（1）《前童镇区控制性详细规划（2008—2020）》。

阮仪三教授是同济大学国家历史文化名城研究中心主任，被称为"中国古城与古镇的卫士"。从20世纪80年代开始至今，阮仪三教授一直从事古镇保护理论与实践方面的探索研究，尤其对江南水乡古镇的保护有着独到的见解和方法。他认为："古镇应该有自己独特的价值和魅力。古镇保护中人是最关键的，古镇有人在，古镇就在。水乡古镇的保护与创新，要最严格地坚持对原真性的保护，而不是作为博物馆式的陈列。江南水乡古镇，精魂在于水，古镇的历史河道，该恢复的也应尽量恢复，保证它的原汁原味，很多一味迎合旅游市场的发展是不可取的。"如果没有人在这里生活，那么古镇的所有功能都会消失殆尽。古镇一旦被破坏，其原有风貌将荡然无存，因此只有保持原真性才能使前童古镇更加富有活力与生机，从而使古镇焕发出新的生命力。

2007年，当地政府邀请阮仪三教授团队编制完成了《前童镇区控制性详细规划（2008—2020）》和《前童古镇旅游开发规划（2007）》。针对前童古镇的历史文化资源做了充分评估，提出了"保护历史文化遗产和自然生态环境，延续和发扬前童古镇山、城、水、田交相辉映的城镇格局""协调处理好历史遗产保护、生态环境保护与镇区发展的关系，加强古村保护和基础设施建设，提升环境建设品质，为旅游业的可持续发展打下坚实的基础"的规划目标，如图7.3所示。规划范围北至梁皇溪，南至政南路，东至下叶村，西至鹿山，面积1.65平方千米（塔山、鹿山除外）。

《前童镇区控制性详细规划（2008—2020）》提出前童古镇要突出文化内涵，保护历史文脉；坚持可持续发展原则；强调以人为本，使之成为一个具有鲜明地域特征和时代意义的精品之作。该规划已经形成较为成熟的理论框架与方法体系，在继承历史文化遗产的基础上又融入现代生活元素，创造出富有活力的新形态空间环境，进一步推动前童古镇的保护性开发进程，从而实现经济效益、社会效益与环境效益的统一。图7.4所示为前童古镇空间景观规划示意图。此后制定的各项规划均以《前童镇区控制性详细规划（2008—2020）》为依据，在此基础上根据古镇的发展、产业结构调整及建设需要进行修订。前童古镇在这两份规划的指导下，于2012年被评为国家AAAA级风景区，这标志着前童古镇

第 7 章
前童古镇保护传承和发展

图 7.3　前童镇区功能结构规划示意图

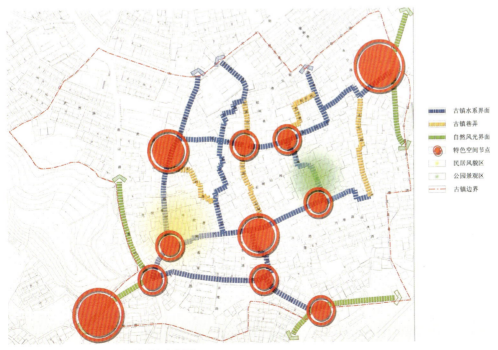

图 7.4　前童古镇空间景观规划示意图

进入一个崭新的发展时期。但随着社会经济的飞速发展，城镇建设规模日益扩大，当时编制的规划已难以适应目前前童古镇的发展要求。

（2）《宁海县前童镇总体规划（2015—2030）》。

2015年，当地政府邀请专业团队编制了《宁海县前童镇总体规划（2015—2030）》。该规划提出：前童镇是宁海县域城镇发展新格局"一核两翼三区十镇"的"三区"中的"十镇"之一，是宁海县五大转型的实践区，推动三城联创示范区和聚焦三大领域的展示区，如图7.5所示。

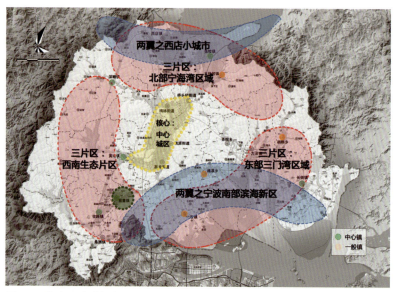

图7.5　宁海县域城镇发展新格局图

生态是前童镇的优势所在、潜力所在和希望所在。前童镇以打造"美丽前童、宜居前童、宜业前童、宜游前童"为目标，坚持生态经济化与经济生态化原则，在继续做好产城融合的基础上，加速生态资源向生产力的深度转化，以产城旅融合为引领，争取创建浙江人居环境城镇和浙江生态文明先行示范区，实现生产、生活、生态的融合共生。

规划范围为前童镇的行政范围，面积68.77平方千米。镇区规划范围东至甬台温铁路，西至甬台温高速公路和岔路镇交界处，南至白溪，北至前童镇界，面积25.94平方千米。

前童镇确立了"产城旅一体、富有人文气息和山水景观特色的宁海县西南部的卫星城镇，宁西片区核心区的次中心"的发展目标（图7.6），明确了"国家历史文化名镇，产城旅一体化的宁海县生态型卫星城镇，宁西片区核心区的旅游、文化、科技特色的次中心，既有传统风貌又有现代化特色国际慢镇"的功能定位，并形成"一核、两翼、一轴、两廊、六区"的规划结构和"群山围绕、背山面水、六园三区、两轴多廊"的景观风貌系统，如图7.7所示。

"一核"——指一个片区的核心是前童古镇片区，范围包含白溪北部区域和梁皇溪西

第 7 章
前童古镇保护传承和发展

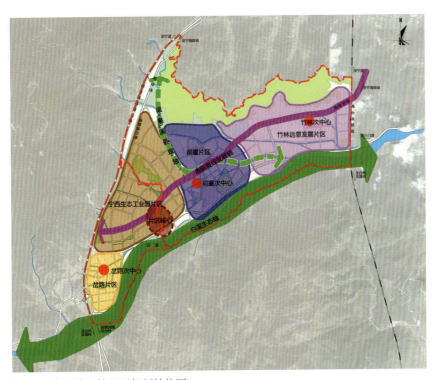

图 7.6　宁西片区核心区规划结构图

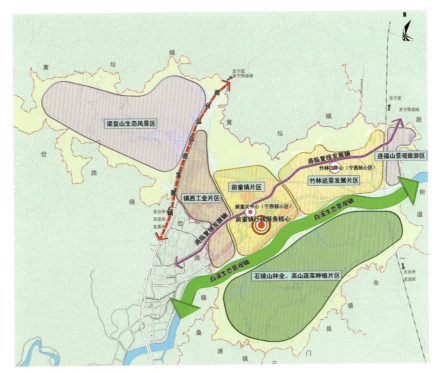

图 7.7　镇域功能结构规划图

南部分区域，西到拱西路以东，包括前童古镇、塔山片区、鹿山片区和孝女湖片区，是前童镇的核心，也是为整个前童镇区服务中心。

"两翼"——指宁西片区核心区的两个次级中心，分别是前童次中心和竹林次中心。

"一轴"——指甬临复线（宁西大道）对接联动轴。

"两廊"——指白溪生态景观廊道和梁皇溪生态景观廊道。

"六区"——指前童镇由主要道路、自然水系等自然因素隔离而成的6个片区，分别是镇西工业片区（宁西生态工业园片区）、前童镇发展核心区、前童镇居住生活旅游配套综合区、东部的竹林远景现代科技产业发展培育区、竹林远景发展核心区、竹林远景居住生活预留区。

《宁海县前童镇总体规划（2015—2030）》充分发挥前童镇丰富的自然旅游资源和人文旅游资源优势，以自然环境背景、悠久的历史文化为依托，结合县域旅游空间布局，提出了"保护古镇整体格局、建筑和街巷遗存，延续其特有的水系八卦风貌和社会人文传统"的古镇保护目标和"山水儒镇"的总体形象定位（图7.8）。该规划还提出以"生活着的

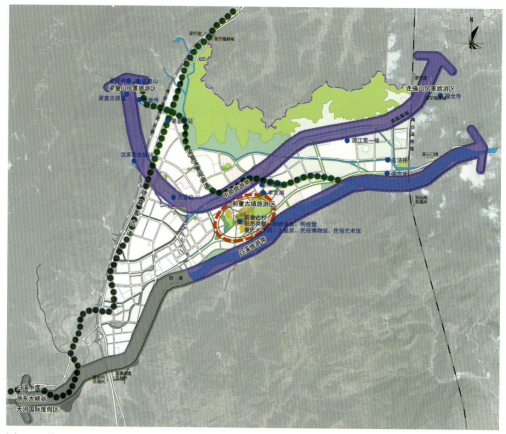

图7.8 前童镇旅游与文化保护规划图

古镇"为立足点,在保护物质空间、整体风貌环境、人文脉络的同时,逐步改善古镇的环境与服务品质,使之适应现代人对生活、工作、休闲旅游不断提高的需求;挖掘具有地方特色的民风民俗,保持古镇的原真性,创造高品位的特色旅游,提高古镇旅游的人气和活力(李和平,张邹,2009)。

(3)《宁海乡愁小镇概念规划(2016)》《前童镇历史文化街区概念规划(2016)》等规划。

乡愁是传统文化与乡土文化在心灵上的刻痕与烙印,是带有浓郁乡土气息的感情表达,也是对故乡的思念之情,更是一种精神寄托。乡愁是个体对家乡的依恋和热爱之情,更是中华优秀传统文化的重要组成部分。从某种意义上说,乡愁是一个国家或地区长期形成的具有共同价值取向的心理意识。

2013年12月,习近平总书记在中央城镇化工作会议上指出:"城镇建设要体现尊重自然、顺应自然、天人合一的理念,依托现有山水脉络等独特风光,让城市融入大自然,让居民望得见山、看得见水、记得住乡愁。"乡村振兴战略的实施需要以良好的生态为基础,而这就要求我们必须重视保护好乡土文化资源。文化自信离不开我们对优秀的乡土文化的继承与弘扬,基于乡土优良传统的文化自信才有底气(丁晓东,2021)。

2015年,在浙江省"两会"上首次提出了"特色小镇"概念,于是全省掀起了特色小镇建设的热潮。随后颁布的《浙江省特色小镇创建导则》《浙江省人民政府关于加快特色小镇规划建设的指导意见》等相关政策文件也对特色小镇建设作出了部署和要求。该导则和意见要求各地加快特色小镇建设工作,从而推动项目投资、弘扬传统文化、促进资源整合及加快产业升级,形成新的经济增长点。自此,在浙江大地上,特色小镇如雨后春笋般蓬勃发展。

2016年7月,住房和城乡建设部、国家发展改革委、财政部三部委下发了《关于开展特色小镇培育工作的通知》,要求各地充分发挥市场主体作用,创新建设理念,转变发展方式,通过培育特色鲜明、产业发展、绿色生态、美丽宜居的特色小镇,探索小镇建设健康发展之路,从而促进经济转型升级、推动新型城镇化和新农村建设。该通知提出要对传统文化进行全面的发掘、整理和记载,使历史文化遗存得到良好保护和利用,非物质文化遗产活态传承,形成独特的文化标识,与产业融合发展。

前童古镇是浙东地区保存至今最具儒家文化古韵的小镇,其深厚的诗礼文化、优美的山水景观、独特的建筑格局和流传至今的民俗活动,堪称江南地区明清时期最原汁原味的居住空间,在第二届中国古村镇大会上更是荣获了"双优"古村的荣誉,为乡愁小镇和历史文化街区的打造打下了坚实的基础。为加快前童古镇旅游产业发展、挖掘儒家优秀文化、改善人居环境,2016年当地政府邀请专业团队编制完成了《宁海乡愁小镇概念规划(2016)》《前童镇历史文化街区概念规划(2016)》。规划提出要把握古镇旅游度假趋势,深度挖掘特色自然资源和地域人文资源,立足山水本底,以多元文化为介,以明清建筑群为载体，以童姓村落为基础，以展示体验传统儒家文化下宗亲家族全方位的生活方式为核心主题，以"古镇旅游"为撬动，融"主题餐饮娱乐、民俗文化体验、生态旅游休闲、滨湖度假养生"四大体验及"文化体验、休闲、度假、旅居、养生"五大功能于一体，打造具有国际标准、国内一流、宁海特色的国家级文化休闲旅游度假示范区和全国旅居目的地。

本规划范围南至山体，东至柘湖杨村，北至梁皇溪，西至拱西路，面积约3.7平方千米（不包括南部山体、白溪），其中核心建设面积约1.6平方千米，如图7.9所示。

图7.9　规划范围

规划从理论层面分析了"乡愁小镇""历史文化街区"的内涵、外延、特征及国内相关研究现状，并通过对前童古镇历史文脉进行梳理和归纳总结，结合当地实际情况及未来发展趋势，构建出具有前童古镇乡愁小镇和历史文化街区的建设思路。规划明确了产业发展总体理念，即"文化为魂、创新驱动"。挖掘小镇文化内涵，包括儒义文化、宗亲文化、历史建筑、民俗活动、风水文化、美食文化、工艺文化等，通过文旅融合的形式，让文化得以物化、产业化，带动古镇核心片区产业发展。在小镇核心产业的基础上，以"信息化+""互联网+"为新引擎，以工艺创意、影视创作、文化交流、会展博览、民俗节庆、公共服务为创新创意要素，丰富产业业态，满足游客不同的功能需求，形成新业态、新经济、新功能，从而释放出巨大的经济活力和市场张力。

前童镇规划形成"一心、两核、两轴、两廊、六区"的总体空间结构，如图7.10所示。

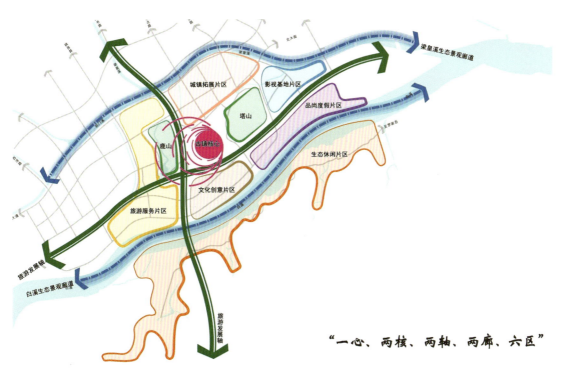

图 7.10　前童镇总体空间结构布置图

"一心"——指依托前童古镇形成的古镇核心。

"两核"——指鹿山和塔山形成的两个绿地公园核心。

"两轴"——指根据道路规划及镇域旅游发展统筹考虑，形成东西向和南北向的两条旅游发展轴。

"两廊"——指两条生态景观廊道，包括梁皇溪生态景观廊道和白溪生态景观廊道。

"六区"——指六大发展片区，包括旅游服务片区、城镇拓展片区、影视基地片区、品尚度假片区、文化创意片区、生态休闲片区。

（4）《宁海县前童历史文化名镇保护规划（2018—2035）》。

近年来，我国许多地区都开展过大规模的城镇建设活动，由于缺乏统一合理的总体规划指导，造成了一定程度的资源浪费及环境破坏。如何实现历史文化名城名镇名村可持续发展，使其发挥出更大的经济、社会和生态效益？在实现这一目标的过程中，如何处理好历史文化遗产保护、利用和传承的关系？这是摆在我们面前需要认真解决的问题。

传统聚落的空间特征解析与传承：
以前童古镇为例

2018年，当地政府邀请浙江大学城乡规划设计研究院有限公司对前童古镇进行了科学系统的调查和研究，在《前童镇区控制性详细规划（2008—2020）》《前童古镇旅游开发规划（2007）》《宁海县前童镇总体规划（2015—2030）》等已有规划的基础上，编制了《宁海县前童历史文化名镇保护规划（2018—2035）》，进一步梳理了古镇的空间关系，明确了保护范围，如图7.11所示。按照科学发展观的要求，对整个区域进行统筹规划，突出了整体与局部相结合、近期与远期相协调的原则。该规划提出了古镇保护的总体目标：通过改善基础设施和环境，提高居民生活质量；发展地方经济，提升名镇活力；延续民俗风情、特色文化和传统工艺等，实现对文物古迹和历史街区的有效保护和可持续发展，维护前童古镇历史文化名镇的整体风貌特色，并建立风貌展示体系，以传承和保护国家级历史文化名镇为目标，打造传统文化、传统生活方式为核心主题的乡愁小镇，实现现代化发展和历史文化环境的融合。针对前童古镇现状及未来发展，该规划确定了"国家级历史文化名镇、诗礼名宗、乡愁前童"的保护主题。

图7.11 古镇肌理及保护范围

前童历史文化名镇规划研究的具体范围为前童镇镇域范围，规划面积为66.8平方千米，其中核心保护范围面积为14.8公顷（图7.12）。该规划对核心保护范围、建设控制地带、环境协调区等分别制定了相应的保护措施，提出近期目标（2018—2025）和远期目标（2026—2030），正确指引前童古镇保护与未来的发展，如图7.13、图7.14所示。

第 7 章
前童古镇保护传承和发展

图 7.12　核心保护范围总平面图

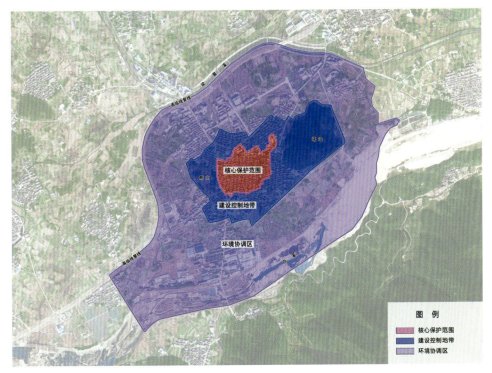

图 7.13　核心保护范围、建设控制地带、环境协调区范围图

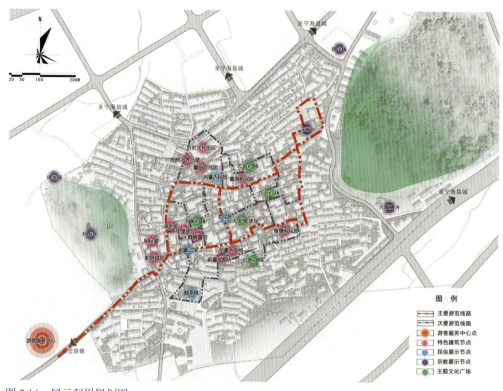

图7.14 展示利用规划图

（5）《前童古镇国家AAAAA级旅游景区创建总体规划（2020—2030）》。

2019年，宁海县委县政府明确了前童古镇创建国家AAAAA级旅游景区，古镇迎来前所未有的发展机遇。前童古镇作为宁海县旅游的龙头品牌，是宁海县乃至宁波市旅游发展和城市发展的重点，发展前童古镇旅游景区有助于推动城市的发展，推动宁海旅游业发展方式的转变和产品结构的优化，增长动力转换。前童古镇创建国家AAAAA级旅游景区，是以文旅产业的发展带动周边乡村发展，助力乡村振兴战略实施落地，发展富民产业。

如何在当前发展基础和时代背景下，通过有效的规划建设促进其可持续发展成为亟须解决的问题。2020年，当地政府委托专业团队编制完成了《前童古镇国家AAAAA级旅游景区创建总体规划（2020—2030）》，使国家AAAAA级旅游景区创建更具前瞻性、科学性和可操作性，确保前童古镇创建出更具辨识度的古镇风貌。

该规划突出前童古镇千年历史的积淀,山、水、田、镇,安宁古朴,处处体现着岁月和文化沉淀的痕迹,以美好生活的展现为核心吸引力和特色,讲述光阴的故事。古镇践行"天人合一"的儒家哲学思想,依据风水理论建立的"回"字九宫八卦式布局,独特的八卦水系贯穿全镇,水路相伴,人、古镇、自然环境融为一体,实现了整个村庄在形式和功能上的有机结合,在古镇肌理、建筑规制、民俗民风、生活方式、技艺传承、思维智慧极具文化古韵的同时,体现了传统儒家哲学观,是非常独特而有意义的一种探寻。

该规划提出依托古镇文化底蕴及生态资源,打造集休闲度假、文化体验、康体养生等功能于一体的文化休闲旅游目的地;以国家 AAAAA 级旅游景区创建为抓手,提高景区环境质量及服务质量,打造高标准、高品质的国家 AAAAA 级旅游景区,突出全国知名文化休闲旅居古镇的开发总体定位。

规划区范围西至工业区西侧规划道路,北至 414 县道下前段,东至 425 乡道,南至石境山南侧山脊线,总面积约为 4 平方千米,如图 7.15 所示。

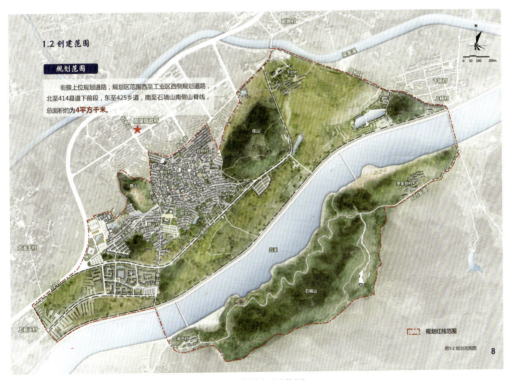

图 7.15 前童古镇国家 AAAAA 级旅游景区创建的规划范围

前童古镇国家 AAAAA 级旅游景区创建范围西至天水路与 214 省道交界处，东至蜈柘段与上杨村交界，北至 414 县道下前段，南至石境山南侧山脊线，创建面积为 3.01 平方千米，如图 7.16 所示。

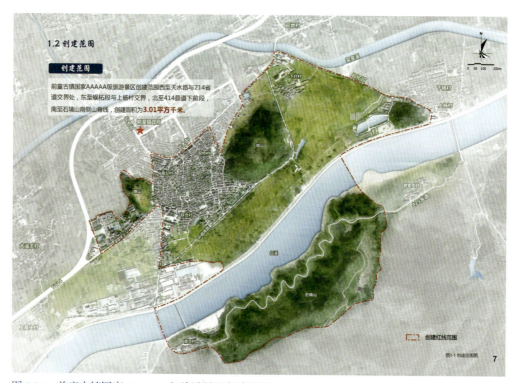

图 7.16　前童古镇国家 AAAAA 级旅游景区创建范围

根据空间规划及镇域旅游统筹发展考虑，以古镇为核心，空间外拓，形成东西横向和南北纵向两条旅游发展廊道，串联两山四区，景镇一体共赢发展、形成完整的大景区空间格局，构建游览体系，平衡环境容量，带动区域旅游产业整体良性可持续发展，明确"古镇为核、两山守望，两廊为轴、联动四区，构建大景区功能空间格局"的空间规划架构，如图 7.17 所示。

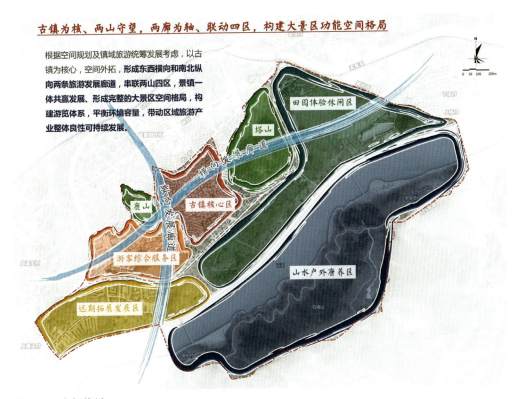

图 7.17　空间格局

对古镇核心区提出旅游功能升级，对标国家 AAAAA 级旅游景区标准提升基础设施与公共服务，丰富度假业态及产品活动，打造景区核心吸引物，着重未来旅游产业升级发展，丰富古镇功能，充分展现活着的生动小镇主题形象，树立全国知名古镇品牌的发展思路。进一步明确古镇核心区"古镇观光、文化体验、休闲娱乐、交流展示，旅游服务"的功能定位，如图 7.18 所示。

3. 坚持项目驱动，推动古镇发展

20 世纪末，当地政府及百姓由于缺乏对古镇保护与开发的了解和重视，加之没有统一规划与管理，造成了部分历史建筑受到不同程度的破坏。有些宅院由于年久失修而坍塌，有些宅院存在安全隐患，还有一些宅院拆旧建新，而新建建筑的高度、形制、色彩与古镇的整体形象格格不入，破坏了古镇风貌。这些问题的存在，势必影响古镇居民的生活环境，不利于古镇的保护、传承和发展。针对这一矛盾，21 世纪初，当地政府严把规划引领关，把前童古镇列入镇域综合改革试点项目，并制定相关政策和措施予以推进，在古镇的保护与更新中，遵循"以人为本"的思想，立足地方实际，因地制宜，努力搞好古镇的开发。在全面发掘本地资源的前提下，当地政府一方面合理利用自然资源，继承历史文化遗产，搞好古镇的保护传承工作；另一方面结合当前经济发展现状，科学推进产业转型升级，促进古镇可持续发展。

传统聚落的空间特征解析与传承：
以前童古镇为例

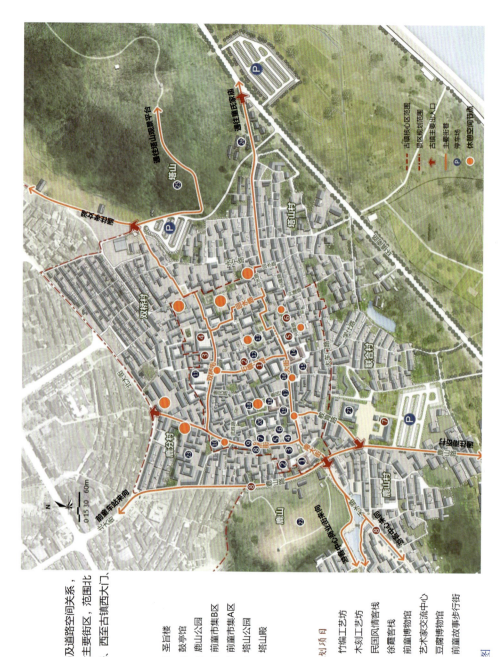

核心区面积约0.1平方千米
运营模式："自营+联营"
范围选定：根据现状资源布局及道路空间关系，
选定核心封闭区域，包括六大主要街区，范围北
至民俗博物馆，南至大车门路，西至古镇西大门，
东至回水路。

提升项目
① 职思其居
② 明经堂
③ 尺木草堂民宿
④ 花桥游居客栈
⑤ 古镇文化艺术馆
⑥ 鹿山别院民宿
⑦ 泽思居
⑧ 花桥井头
⑨ 花园
⑩ 婚庆银博物馆
⑪ 民俗博物馆
⑫ 逸飞影院
⑬ 大夫第遗址
⑭ 童氏宗祠
⑮ 好义堂
⑯ 慧明寺遗址
⑰ 前童邮局
⑱ 童衍方艺术馆
⑲ 润舍酒店
⑳ 圣旨楼
㉑ 鼓亭馆
㉒ 鹿山公园
㉓ 前童市集B区
㉔ 前童市集A区
㉕ 塔山公园
㉖ 塔山殿

规划项目
❶ 竹编工艺坊
❷ 木刻工艺坊
❸ 民国风情客栈
❹ 徐霞客栈
❺ 前童博物馆
❻ 艺术家交流中心
❼ 豆腐博物馆
❽ 前童故事步行街

图 7.18 古镇核心区空间图

228

自 2007 年前童古镇入选第三批中国历史文化名镇以来，古镇的保护、利用和传承主要经历三个阶段，目前已取得显著成效。今后，随着国家 AAAAA 级旅游景区的不断创建，旅游产业综合竞争力的提升，前童古镇必将成为名副其实的国家 AAAAA 级旅游景区。

（1）第一阶段：坚持保护为主，推进融合发展（2007—2012 年）。

① 依据《前童镇区控制性详细规划（2008—2020）》《前童古镇旅游开发规划（2007）》《前童镇历史文化保护区保护规划》《前童古镇业态发展规划》，当地政府从古镇的空间布局入手，对前童古镇传统风貌开展了一系列保护、整治和业态规划工作。2007 年，当地政府成立了前童古镇保护与旅游开发管理委员会，正式启动古镇的保护与旅游开发工作。

② 5 年来，当地政府以各类规划为依托，保护前童古镇的空间格局、建筑构造、水体绿化、山体田园、非物质文化遗产组成的历史文化遗产整体系统；保护以浙东村落居住建筑为主要特征的平原水系村落的历史风貌和生活形态；保护前童宗族文化传承和近代历史事件相关的重要历史场所，整体延续古镇的历史发展脉络；梳理前童古镇明清建筑群并建立数据库；根据各类历史建筑和历史环境要素所承载的文化、历史、科学、艺术价值和风险程度，来制定相应的保护和整治措施；运用多种保护和利用方式，使历史建筑及其环境既保持风貌特色又符合现代生活需求，提升前童古镇的整体品质；合理发展前童古镇的旅游规模和强度，使建筑、街巷、八卦体系等历史空间环境能够持续使用。

③ 完成了县级文物保护单位前童大祠堂和县级文物保护点群峰簪笏、职思其居、明经堂、前童戒烟所的保护性维修和布展，在群峰簪笏设立方孝孺纪念馆；完成了前童民俗博物馆的维修和布展，现已成为"市级非物质文化遗产传承基地"和"市级爱国主义教育基地"；完成了南大街（图 7.19）、花桥街等传统商业街的风貌恢复，引进商业提升历史街区的活力，满足了古镇居民发展经济的需求。当地政府为了进一步规范古镇内的"拆翻建"行为，制定了拆翻建的有关政策，保护了古镇的空间格局和风貌。

④ 在保持古镇街巷肌理的前提下，着重修补了部分破损部位，并增加了一些必要的辅助措施，主要完成了"三线下地"工程和污水管网、污水处理站的建设，卫生、排水、照明、消防、通信等配套设施也大为改善，进一步改善了古镇的生态环境和风貌。在

图 7.19　南大街航拍

保留原有风貌的基础上，路面重新整修。南大街、花桥街、回水路及其他巷弄都重新铺设了鹅卵石，原汁原味地保留了前童古镇的特色风貌，还原了浙东小桥流水人家的市井雅趣，如图7.20所示。同时对已塌毁和改建的围墙适当进行了恢复，以营造舒适、典雅、古朴的庭院空间。整治后的古镇道路基本达到规划要求，古镇内的明清建筑群和街巷格局得到有效保护。

⑤ 做好古镇保护的同时也要谋发展，铺展融合之路。5年内，当地政府结合旅游发展的需要，新建了游客集散中心和两个生态停车场，为古镇发展提供了重要的公共空间，有力地促进了古镇旅游的提质增效。进一步改善了古镇内部交通环境，完成了景区灯光系统建设，为夜游古镇创造了条件。新建的前童鼓亭馆使游客更好地了解前童的元宵文化，提升了古镇的吸引力和知名度，促进了古镇旅游的发展。目前前童鼓亭馆已成为"省级非物质文化遗产展示基地"，如图7.21所示。完成了鹿山路的整治改造工程，启动了鹿山公园和古镇入口区酒店建设，提高了古镇旅游接待的档次和能力。积极引入文创、文投、民宿等新业态，注入产业造血功能，实现了文化与产业的融合发展，让古镇逐渐焕发新活力。

图7.20　古镇街巷

图7.21　前童鼓亭馆

⑥ 通过5年的努力，基本完成古镇旅游开发一期工程并取得一系列荣誉，旅游业也取得阶段性新成果。2009年，前童元宵行会被列入省级非物质文化遗产保护名录；前童镇被评为浙江省十大生态旅游名镇。2010年，前童镇被评为浙江省旅游强镇和浙江省生态旅游名镇；前童鼓亭馆获世界最大鼓亭馆殊荣；前童民俗博物馆成为宁波市非物质文化遗产保护传承基地。2011年，前童镇获省级文化强镇，前童古镇景区顺利通过国家AAAA级旅游景区验收。2012年，前童民俗博物馆成为宁波市爱国主义教育基地；前童古镇入选浙江省非物质文化遗产旅游景区和宁波市年度优秀旅游景区。

⑦ 借助元宵文化节、豆腐节和徐霞客开游节等系列活动，不断加大对外宣传力度，进一步提高了古镇的知名度和美誉度，并由此带动了全镇通信、运输、餐饮等服务行业快速全面发展。前童古镇核心保护区外围重点发展与旅游配套的经营性酒店、农家住宿，同时全镇大力发展农家乐，进一步壮大了古镇的特色餐饮业。通过对古镇的保护和发展，古镇里的原住居民感受到回归生活环境的乐趣，使古镇更加富有人情味。这也为当地百姓提供了更多的就业机会，增加了经济收入，提高了他们参与古镇保护和发展的积极性。这里，浓浓的生活气息与古镇形象相交融，构成了前童古镇特有的文化特质。

（2）第二阶段：坚定保护和发展协同共进（2013—2018年）。

① 随着前童古镇成功创建国家AAAA级旅游景区，旅游产业逐渐成为当地经济增长的重要引擎。但从旅游发展阶段而言，古镇尚在初步发展时期，也出现了不少亟待解决的问题，如配套设施不够完善、产品结构单一、特色不明显、服务水平较低等，这些问题严重制约了前童古镇旅游产业的可持续发展。

② 当地政府抢抓机遇谋全域，在促进能级提升的过程中开创了旅游事业发展的崭新局面。坚持规划引领，坚定走好保护和发展协同共进之路，当地政府主要完成了《宁海县前童镇总体规划（2015—2030）》《宁海乡愁小镇概念规划（2016）》《前童镇历史文化街区概念规划（2016）》《宁海县全域旅游发展总体规划（2016—2025）》《宁海县前童历史文化名镇保护规划（2018—2035）》等一系列规划的编制，全面提升古镇旅游开发的档次和水平。

③ 当地政府在做好景区古建筑保护性修复工作的同时，依托良好的山水生态优势，大力实施"南拓、东延、西连"三大工程，实现景区从观光型向休闲度假型转变。"南拓"——指将景区南拓到白溪，结合白溪治理，加大白溪旅游休闲带的建设力度，使古镇更加凸显两山双水的风水格局。"东延"——指将南大街东延到回水路，对重点宅院进行修复并进行沿街的风貌改造，逐步实现老街商业业态的延续。"西连"——指加快入口公园建设，使古镇入口区与鹿山、小桥流水紧密相连，做好天水路两侧建筑的改造提升，打造集旅游、休闲、购物、餐饮等多种功能于一体的特色步行街。以"南拓、东延、西连"为发展思路，加大项目建设力度，致力全域景区打造。强化环境综合治理工作，努力提高古镇品质、打造特色亮点。进一步加大古宅院的维修和重建力度，完善风貌改造方案，完成了6处老宅院的保护性修缮和三圳口宅院的重建，对40处区域进行风貌改造，对90余处"脏乱差"区域进行整治，古镇"颜值"不断提升。

④ 当地政府加大投资力度，新建了历史文化街区、入口酒店、入口步行街、古镇客厅等项目，全面完成古镇亮化一期工程。尤其是历史文化街区的建设，给前童古镇的发展带来了新的契机。2015年，当地政府将电影院、鹿分市场、粮站、工贸办公楼列入"拆迁"项目。为了充分发挥特色资源优势，深度挖掘前童文化和历史内涵，将原址规划改造成粮库文化市集、文化主题区、古镇商业特色街区三大区块，建成以旅游住宿为形式、文化展

示为吸引、消费购物为目标的历史文化街区,如图7.22所示。历史文化街区通过延续古镇肌理,营造院落氛围,提炼传统建筑符号,保持明清建筑风格和小桥流水街巷布局,在总体布局、建筑风格、业态开发等方面将历史文化、休闲游览和商业运作结合起来,大力挖掘发展文化和旅游相结合的产品和体验点,在历史文化街区中植入非遗沉浸式体验、民俗互动体验、高端民宿、博物馆等业态,形成集文创发展、旅游住宿、文化展示、消费购物于一体的文化休闲消费集聚区。

图7.22　历史文化街区

⑤ 当地政府依托古镇深厚的人文底蕴,加大民俗文化挖掘力度,不断丰富景区文化内涵,发展"古、红、绿"三色旅游。一是深入挖掘童氏名人文化。在做大童衍方艺术馆的基础上,深入挖掘历史人文内涵,依托南岙"石镜精舍"方孝孺授学处、陈逸飞《理发师》电影拍摄地、童伯吹故居等资源,积极打造文化名人馆。图7.23所示为逸飞影院。二是深入挖掘农耕文化,提升老街商业业态和建设,大力弘扬传统民俗文化。在不断丰富前童地方戏剧、民俗及各类祭祀活动的同时,围绕"五匠"文化内容,重点做好传统文化体验项目的发展。在南大街、花桥街植入竹编、木雕、植物染、泥金彩漆等特色传统手工艺,以"古镇创想"和"手艺传承"为重点发展和延伸,形成了初具规模的文化产业链条,引来了大批游客和学生争相体验,使得古镇老街热闹非凡。通过定期举办技能比赛,进一步做

第 7 章
前童古镇保护传承和发展

图 7.23　逸飞影院

精、做深"五匠"文化内涵。三是深入挖掘节庆文化。以鼓亭文化为载体，进一步丰富前童元宵行会文化内涵和民俗演绎内容，实施鼓亭巡演常态化。成功打造了元宵行会、豆腐节等传统民俗文化节庆品牌，相继举办了前童豆腐节、特色民俗集会、"红妆十里、情牵前童"嘉年华等系列活动。中央电视台一套转播了元宵行会盛况，浙江新闻网直播了"520"中式婚礼，人民网、浙江日报等多家媒体报道了前童豆腐节，使得古镇影响力持续提升。

⑥ 当地政府加强旅游业态培育，发挥业态组合效应，让游客留得住、住得下、待得久。一是加快古镇重点区块开发。在入口区打造以游客服务中心、餐饮店、宾馆、纪念品商店等旅游服务设施为主要内容的旅游功能区。历史文化街区打造集购物、特色餐饮、休闲娱乐等功能于一体的旅游综合体，进一步完善旅游接待功能。二是积极培育古镇游线两侧业态。重点做好古镇景区内现有商铺特色化改造，突出古镇历史文化特色，不断优化业态功能设置，大力发展美食、茶馆、酒吧、工艺美术品制作与销售等功能业态，营造自由轻松的旅游休闲环境。三是发展古镇民居民宿。出台古镇业态扶持政策，重点把古镇区内空置的建筑及可以提供住宿空间的民宅改建为民居客栈。做好古镇内的特色民宿开发，不断提升古镇外围农家乐的档次和规模。鼓励民间资本介入发展民宿产业，并积极引导社会力量参与古镇保护与改造，使之成为一个富有活力和生命力的江南古镇。引进民宿产业集群，促进旅游业转型升级，先后开设了前童驿事、上木堂、鹿山别院、花桥游居、尺木草堂等古镇民宿（图 7.24），使当地居民和游客感受到了新农村建设及古镇发展带来的变化。

图 7.24　古镇民宿

⑦ 当地政府坚定保护和发展协同共进的指导思想，基本完成了古镇保护和旅游开发二期工程，取得了一系列的殊荣，进一步打响了前童古镇的文化品牌。2013 年，前童元宵行会、前童古镇入选浙江省春节文化特色地区。2014 年，前童元宵行会进入第四批国家级非物质文化遗产保护名录，前童古镇荣获"浙江省民间艺术之乡"的称号。2015 年，宁海龙舟雕刻技艺、宁海竹编技艺入选第四批宁波市非遗保护名录。2018 年，前童镇获评宁波市首批非遗特色小镇。截至 2018 年，前童古镇全年共接待游客 130 万人次，古镇品牌位列"2018 宁波品牌百强榜"第 23 名。

（3）第三阶段：引进县级平台，全力创建国家 AAAAA 级旅游景区（2019 年至今）。

① 2019 年 9 月宁海县成功获评首批国家全域旅游示范区，标志着全县旅游业进入了一个全新阶段，为进一步加快前童古镇转型升级提供了有力支撑。近年来，随着当地政府对旅游市场重视程度的提高及游客需求的日益多样化，作为传统历史文化名镇与国家 AAAA 级旅游景区的前童古镇迎来了前所未有的机遇，同时也面临严峻的挑战。如何把握新机遇，应对新挑战？如何在保持原有优势和特色的基础上进行产业创新升级，实现可持续发展？这是摆在当地政府面前亟待解决的问题。

② 在全域旅游战略部署下，2019 年年底，前童古镇启动了创建国家 AAAAA 级旅游景区的工作，并成功列入浙江省首批诗路旅游目的地和宁波市乡村全域旅游示范区双培育名单。前童古镇秉承"内提外拓"的开发思路，想方设法盘活有效资源，不断优化全域旅游空间布局，全力推进国家 AAAAA 级旅游景区创建。为了更加高效地推进国家 AAAAA 级旅游景区建设，当地政府积极引进县级国有平台宁海县文化旅游集团，双方共同加速推进前童古镇国家 AAAAA 级旅游景区的创建。自 2019 年至今，通过"政府引导＋市场运作"的模式，前童镇的经济、社会和生态环境得到了全面提升。

③ 规划引领先行，助力国家 AAAAA 级旅游景区创建。前童古镇经过前面两个阶段的保护和发展，取得了一定的成绩，但也存在一些问题：主入口空间局促，形象空间不明

显；旅游路线过短，游客停留时间少；古镇功能单一，需要植入新的功能；缺少公共休闲空间，缺少互动体验；等等。与国家AAAAA级旅游景区还有较大差距，因此前童古镇迫切需要进一步加强规划引领和创新。管理部门引入专业公司对国家AAAAA级旅游景区创建进行了专业指导，编制完成了《国家AAAAA级旅游景区创建总体规划》《前童古镇东拓规划》《重要节点改造提升设计》，这一系列举措为景区的可持续发展和提升游客体验奠定了坚实的基础。完成《乡村全域旅游示范区专项设计方案》，打造集山水文化、红色文化、"五匠"文化于一体的全域综合旅游圈。引入各类社会资本投资旅游产业，加快形成多元化的旅游投资格局。

④ 以项目为引擎，驱动高质量发展。紧紧围绕国家AAAAA级旅游景区创建目标，科学谋划构建旅游发展框架，多边延展扩充景区容量。全力推进古镇核心区东拓延伸，有序做好老宅院收储和保护性修缮。通过东拓进一步完善古镇内部道路系统，使其层级分明、路路相通，并且都能通向城市道路，让古镇从封闭型转化为开放型。完成了鹿山路、天水路、北大街的风貌改造，为前童古镇提供了良好的交通环境条件，实现了旅游产业的转型升级，使之最终成为"宜居、宜游、宜业"的古镇特色街道。图7.25所示为风貌改造后的天水路。新建的童衍方艺术馆新馆是童衍方先生作品回归故里、弘扬传统文化、支持家乡文化事业发展的见证，也是打造特色小镇和乡村振兴战略实施过程中不可或缺的组成部分，目前已成为前童文化重要的输出窗口。2022年5月，童衍方艺术馆新馆（图7.26）开

图 7.25 风貌改造后的天水路

图 7.26　童衍方艺术馆新馆

馆仪式暨"尺木艺光"来楚生、唐云、童衍方金石书画展在前童古镇举行，受到了社会各界人士的关注和赞誉，对促进地方经济、文化的发展起到了重要作用。在前童古镇外围建设以打造智能化高端度假酒店为目的的梁皇驿文化主题酒店（梁皇山庄）、开元名庭·前童静宸湾度假酒店，进而完善古镇配套，满足不同客群的商务宴请、会议、住宿、旅游接待等需求，实现了与古镇商业发展的联动和协调。随着现代科技的不断发展，越来越多的新型技术被应用于旅游业中，极大地提升了游客的观影体验与参与性。管理部门积极引入沉浸式演艺项目，通过科技手段和演出元素，让观众通过"视、听、嗅、味、触"来欣赏演艺活动。较之传统旅游演艺，观众不仅能"看"演出，而且能调动触觉、味觉参与其中，获得全新的观演体验（彭智勇，2020）。为解决老宅院空置问题，探索出"公修商租"模式，让老宅重现生机。老宅院由于年代久远，一度面临建筑破败、人去楼空的窘境。当地政府结合"一户多宅"整治工作，以农村宅基地"三权分置"改革为抓手，制定出台《前童古镇古建筑维修补助办法》等政策。如今许多面临坍塌的老房子已经换了新颜，景区的整体形象得到改善，村民有了租金收入，投资者从开发经营中获利，形成共享共赢的局面。以"打造主人心中的梦想田园，让生活回归初心"的理念，通过鼓励原住居民原貌翻修改造、乡贤返乡创业、吸引社会资本投入等方式，努力让古镇焕发出新活力，并成功打造以"乡愁、乡情、乡思"为主题的特色民宿集群，突出特色定位提高竞争力（张畅芳，2019）。以"宁海民宿看前童"的气魄扩大精品民宿规模，润舍、前童驿事、上木堂、乡叙前童、银缘·梧桐里、拾贰亿·前童小馆等特色民宿集群塑造了当地特有的文化品牌，口碑效应明显。目前前童古镇民宿数量达 30 家，床位近 400 张，拉动了旅游经济的迅速增长，还为当地乡村旅游业的发展发挥了积极的推动作用。"诗路海韵"唐诗之路宁海数字馆是浙东唐诗之路建设重点项目、重要节点的所在地，也是宁波市首个建成的"数字诗路 e 站"，如图 7.27 所示。"诗路海韵"唐诗之路宁海数字馆以"行万里路、读万卷书"

第 7 章
前童古镇保护传承和发展

图 7.27 "诗路海韵"唐诗之路宁海数字馆

为核心意象,营造《徐霞客游记》开篇"人意山光,俱有喜态"的意境,展现徐霞客、方孝孺、潘天寿等古今士人气象,融合浙东唐诗之路建设关于"山水、名人、诗画"的主题,打造浙东唐诗之路上别具一格的"海韵"文旅新地标(杨芝,蒋攀,2022)。"诗路海韵"唐诗之路宁海数字馆将数字变革融入文旅产业发展,为宁海县数字化改革,激发旅游市场主体活力和潜力、提升文旅产业发展水平、推进经济社会高质量发展开启了全新的探索。此外,当地政府还完成了历史文化街区二期、豆腐博物馆的建设;完成了前童镇中心小学迁建工程和原址的改造提升;完成了诗路竹韵竹编馆、锦煜堂木文化馆布展;完成了民俗博物馆改造和逸飞影院提升工程;完成了景区亮化工程等一系列工程,有效地提升了古镇的品位和形象;完善了古镇标志系统,提升了景区服务质量;完成了古镇音乐堂、古镇客厅、智慧旅游设施、古镇乡韵精品线艺术提升工程、游客服务中心、停车场、旅游厕所改造升级;启动了海裕周边地块的项目建设;完成了基础设施配套、景观环境更新整治;活化了非遗，引入了影视、文创、电商等新兴业态，积极构建了高度融合的商业圈。

⑤ 坚持守正创新，深化文化融合。做深"旅游+""+旅游"文章，以一业兴带动百业旺，通过推进业态升级、产业转型、拓展产业链，形成了既有特色集群又有新兴业态的"小镇经济"，有效推动了古镇咖啡馆、古镇酒吧、古镇书吧、明德书院、泥金彩漆展览馆、民宿集群等多元业态的发展，夜游、夜宿、夜秀成为古镇游玩新体验，如图7.28、图7.29所示。以文化资源为基础，创建特色文化产业，注重民俗节庆文化创意产品的培育与开发，发掘传统文化元素，开发了一批地域特征浓郁的特色民俗文化产品。持续做强做大元宵行会品牌，"赏花灯、看行会、闹元宵"的正月十四、十五成为古镇最热闹、最具烟火气的日子。加强非物质文化遗产静态研究和活态传承，实现文化传承与体验游玩深度整合，提升游客的参与、体验和感受。积极开发"旅游+文化体验"等多元化的旅游项目，进一步丰富文化体验载体。依托历史文脉挖掘发展非遗艺术衍生品，实施传统工艺保护工程，提升产业集聚度；大力扶持优秀技艺人才培训工作，促进技能水平提高。活化利用20多个非遗项目，成为全国文旅融合试点单位和省文化创意街区，引流效应逐步明显。充分挖掘"五匠"文化，推进"三位一体"的"五匠"工艺活化工程，打造集聚竹编、石雕、木刻、泥匠、篾匠等传统工艺的历史文化街区，并成为全县唯一、全市六个之一的市级文创产业园区。扩大品牌效应，以国家级非物质文化遗产元宵行会为龙头产品，在传统节日中嵌入舞龙舞狮、非物质文化遗产——耍牙表演、"十里红妆"传统中式婚礼秀等民俗节庆活动，吸引了中央电视台、人民日报、新华社等媒体的广泛关注和报道。结合古镇非遗特色，挖掘培育非遗表演项目，成立古镇女子舞龙队和少年舞狮队，建成甬台艺术交流基地和元宵行会音乐传承基地。用艺术点亮古镇，培育名家名匠和乡建艺术家。建立官方微博、微信公众号、抖音账号等多平台运营体系，构建全链条宣传推广模式，打造品牌知名度和影响力。举办元旦嘉年华、豆腐文化节、乞巧文化节、国潮前童、文创集市等系列活动，促使宋韵文化、小桥流水、民居古宅等"乡愁记忆"历久弥新，进而带动周边产业发展，形成文化产业集群。引进一批"艺术+文化旅游"新业态，与中国人民大学、中国美术学院等开展校地合作，开辟工艺创想、艺术培训、影视拍摄等基地，吸引大批青年学子投身到创意创业中来。打造中国人民大学工艺创想基地和前童书驿，并被评为全国文化和旅游公共服务机构功能融合试点单位，入选第二批浙江省文艺创作采风基地。发挥古镇自然资源优势，深入创建影视创作基地，先后成为《理发师》《虎胆巍城》《功勋·屠呦呦》等影视剧的取景地。此外，前童还延续古镇文态，将"家族文化""耕读文化""非遗文化""名人文化"等渗透到古镇的各个角落，打造良好的家风家训，弘扬崇学重教的传统；布展民俗博物馆、鼓亭馆和泥金彩漆展览馆等，集中展示宁海泥金彩漆、宁海平调、前童元宵行会、宁海十里红妆婚俗4个国家级非物质文化遗产；等等。

第 7 章
前童古镇保护传承和发展

图 7.28　非遗活动 1

传统聚落的空间特征解析与传承：
以前童古镇为例

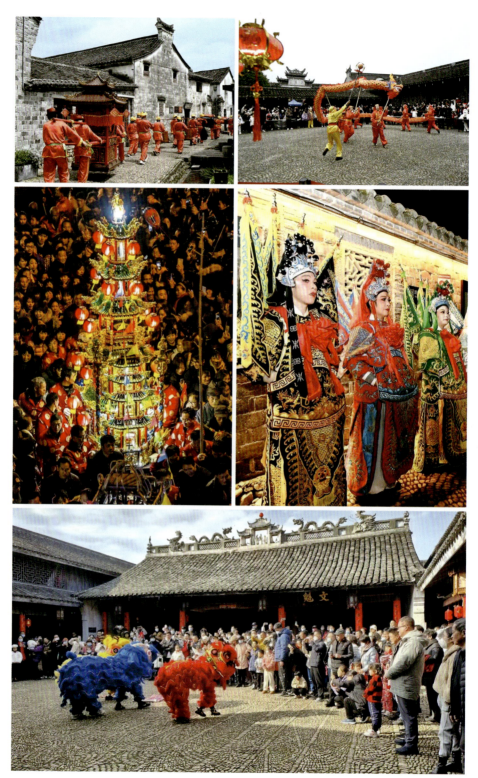

图 7.29 非遗活动 2

4. 提升文化软实力，活化非遗文化

（1）活化国家级非遗——"十里红妆"婚俗文化。

以宁海为代表的"十里红妆"婚俗是浙东地区特有的传统婚俗，该婚俗源于民间流传的南宋时期"村姑救康王，浙东女子尽封王"的故事。后来浙东地区女子出嫁时，都要带上精心打造的红漆嫁妆，组成一支绵延数里、浩浩荡荡的送嫁妆队伍，一路洋溢着吉祥喜庆，炫耀着富足家产，故称"十里红妆"。宁海"十里红妆"婚俗主要包括定情、做媒、相亲、备嫁妆、花轿迎娶、拜天地、闹洞房、回门等结婚礼俗和红妆器物特有的制作工艺，反映了农耕社会的民俗文化。"十里红妆"婚俗文化是民俗活动最丰富多彩、最直观的存在，千工床、万工轿等嫁妆独特的红妆制作工艺是最能体现浙江宋韵文化的民间工艺，是提高民族文化自信力的鲜活历史教材。"十里红妆"从宋朝走来，经久不衰，是江南地区民俗学、社会学、艺术学等相关学科的重要组成部分。2008年"宁海十里红妆婚俗"入选了第二批国家级非物质文化遗产名录。前童古镇与"十里红妆"婚俗的完美结合，体现了传统文化的独特魅力，为人们提供了一个了解古代婚姻风俗、认识传统婚俗的重要窗口，如图7.30所示。

图7.30 "十里红妆"婚俗文化

（2）传承国家级非遗——宁海泥金彩漆。

宁海泥金彩漆（又称宁波特艺漆器）是中国特色传统工艺品种之一，其艺术造型优美独特，装饰纹样丰富多彩，具有浓郁的乡土气息，深受广大人民群众的喜爱。宁海泥金彩漆是泥金工艺和彩漆工艺相结合的漆器工艺。全靠师徒口传手授，纯手工技艺制作，工艺考究、精致，共有箍桶、批灰、上底漆、描图、捣漆泥、堆塑、贴金、罩漆、上彩、铺云母螺钿、分天地色、修边、挖朱等20多道工艺流程，经过工匠3个月的认真打磨，才能完成一件宁海泥金彩漆工艺品。宁海泥金彩漆以中国生漆和金箔为主要原材料，艺人以生漆、瓦片灰或蛎灰按一定比例捣制成漆泥，在木胎漆胚上堆塑山水、花鸟、人物、楼阁等图饰，再给图饰贴金、上彩。2006年6月经国务院批准，文化部将宁海泥金彩漆列入首批国家级非物质文

化遗产名录。宁海泥金彩漆品种丰富，大到床、橱柜、桌椅等家具，小到提桶、果盒等生活用具。宁海泥金彩漆制作成本高、工艺繁杂，因此被称为"十里红妆"中的奢侈品，如图7.31所示。宁海黄才良是这项技艺的唯一国家级非遗传承人，如图7.32所示。

图7.31　宁海泥金彩漆作品　　　图7.32　国家级非遗传承人黄才良

古镇南大街开设了一家泥金彩漆体验坊，这里不仅陈列着各种精美的泥金彩漆工艺品供游客参观鉴赏，而且游客还能在专业技师的指导下，体验泥金彩漆制作，学习雕刻、贴金工艺。

（3）少年雄狮"还原"舞狮文化。

前童舞狮历史悠久，最早可追溯至清乾隆年间。前童舞狮技艺属于南狮，南狮造型较为威猛，舞者通过不同的马步配合狮头动作把三国故事情节表现出来，颇有意境。狮头有"刘备""关羽""张飞"之分。狮头以戏曲面谱作鉴，色彩艳丽，制造考究；眼帘、嘴都可动。因种种原因，前童舞狮在20世纪中叶逐渐没落。2016年的前童元宵行会上出现了前童舞狮，舞狮文化在前童镇的复兴，离不开古镇青年童攀峰的努力。2017年，在前童镇人民政府和前童镇中心小学的支持下，童攀峰以课外兴趣班的形式成立了"前童中心小学舞龙舞狮队"，正式招收学生开班教学。得益于学校和当地政府的支持，舞狮队从最初的几个人扩展到如今的三十多人。自此，学校的操场上、古镇的祠堂内、镇外的山坡上有了一群舞狮少年的身影，如图7.33所示。狮子八种神态（喜、怒、哀、乐、动、静、惊、疑）的精准呈现要靠狮头和狮尾的默契配合，"人狮合一"无疑是每一位舞狮者的最高追求。

前童古镇到目前为止，没有过度的商业开发，有的是古镇的原汁原味。走进前童古镇，你会发现这里是一个充满了原始气息和人文风情的地方，有着古老而又鲜活的生活方式和历史记忆，有着厚重的文化积淀，还有着浓厚的民俗文化氛围，这里的一切都让人感到亲切自然，充满诗情画意，处处散发着浓浓的乡土味……

第 7 章
前童古镇保护传承和发展

图 7.33 舞狮少年

7.4 全力推进古镇可持续发展

我国的古镇旅游起源于 20 世纪 80 年代，周庄、同里、乌镇、丽江等古镇的发展给其他古镇带来了信心，也使更多人到古镇旅游。前童古镇因明清建筑群和八卦水系被众人所熟知，尤其是近年来抓住了国家 AAAAA 级旅游景区创建的机遇，发展势头迅猛，吸引了大量的旅游者。

7.4.1 前童古镇发展中存在的问题

前童古镇经过十多年的保护和发展，特别是 2019 年启动国家 AAAAA 级旅游景区创建工作后，采取规划引领先行、以项目为引擎、深化文化融合、活化非遗文化等一系列措施取得了显著成效，进一步扩大了古镇的知名度。但对标国家 AAAAA 级旅游景区的创建标准，还有一定的差距，主要体现在以下几个方面。

1. 配套设施还不够完善，影响古镇的发展

前童古镇的各项配套设施还不够完善，如基础设施建设相对落后，部分设施破损；部分景观资源被闲置，影响景区整体形象；景区配套停车位数量偏少，不能满足国家 AAAAA 级旅游景区建设的要求；景区内旅游厕所数量偏少且分布不均；景区休息设施数量不足，布局不合理。

2. 景区秩序不科学，部分建筑风貌不协调

多数空间开发利用不充分，商业开发过度集中。游线较短，急需东拓扩大古镇开发范围。古镇入口多，不便于管理，存在人车混杂的现象。外围道路交通系统缺乏有效管理。原住居民的出行与游客游览线路交叉。因年久失修，部分传统建筑倒塌。核心保护区内有新建的三层砖混结构楼房，建筑风格与古镇风貌不协调。

3. 旅游业态单一，旅游产品亟待深度开发

随着智慧技术不断发展，宁海数字馆、民俗博物馆展厅体现了艺术与科技的融合，提升了数字化程度，丰富了传播手段。但是大多数景点仍以基础陈设为主，旅游者参与度和体验感不强。南大街、花桥街的商铺业态和展示方式有待进一步优化。民宿数量不足且规模偏小，功能过于同质化。前童古镇以观光客为主，目前的收入仅能满足古镇的日常管理。游览区多集中于古镇的核心保护区内，对周边地块的辐射作用不足。旅游业态单一，游客平均停留时间短，人均花费较少。

4. 省内同质产品过多，竞争压力较大

浙江省古镇数量最多，从外在形式上看，多为明清时期建筑遗存。江浙境内有周庄、乌镇、南浔、西塘等古镇为国家 AAAAA 级旅游景区，前童古镇和这些景区相比，还存在着很大的差距。宁波市域内有石浦渔港古城、慈城古镇、鄞江古镇、鸣鹤古镇、阳明古镇等众多文化特色相似的古镇聚集，致使前童古镇发展过程中面临着很大的竞争压力。

7.4.2　创建国家 AAAAA 级旅游景区，促进古镇可持续发展

打造前童古镇旅游品牌，提升知名度，可以带动相关产业的繁荣，推动旅游业健康可持续发展。在做好古镇核心景区保护开发的同时，还要进一步扩大全域旅游创建面，激发旅游裂变效应。

1. 文旅融合发展，弘扬传统文化

传承和弘扬传统文化已成为大家的共识，而儒家文化在我国传统文化中占据着核心地位。在哲学的维度下，儒家文化强调的是"天人合一"，这种文化思想也体现在前童古镇传统建筑与民俗文化中。认识前童古镇的传统文化，应该回归到古镇物质文化与非物质文化两个视角来进行考量。通过梳理分析前童古镇的历史文脉，挖掘其深厚的文化底蕴，在传统文化中寻本质，建立对古镇优秀传统文化的认知，利用现代科学手法加以展现，用文化呈现让人得到感知。

2. 组织空间架构，建立景区秩序

坚持一张蓝图绘到底，促进旅游业高质量发展。面对国家 AAAAA 级旅游景区的创建标准和任务，管理部门应积极谋划、精准施策，推动前童古镇景区实现提质升级，增强市场竞争力。深化全域旅游理念，创新体制机制，提升管理水平。以"互联网+"为突破口，打造在线营销平台，加快推进旅游产品智能化开发进程。优化配套设施，全面改善基础设施条件，不断提升核心竞争力。加强规划统筹协调工作，科学布局景点线路、服务设施，确保旅游空间有序流动。推进景区建设与资源保护融合发展，着力解决历史文化遗留问题。全力完善空间布局、项目设计和肌理组织，完善交通组织和游客组织，形成游客游览秩序，妥善处理生活秩序，满足主客共享的生活需要。强化景区管控与服务功能，建立

安全管理体系，提高服务质量水平，实行精细化管理、智慧化运行。

3. 聚焦景区核心吸引力，有效激发旅游发展活力

对古镇核心区进行空间整理，完善古镇核心区游览空间结构，形成南大街、花桥街、双桥街、回水路、石镜山路、惠民路六大街区环形游线，动静分区，并以古镇为核心，打开空间廊道。西连天水路游客中心，东连塔山，北接前童市集（历史文化街区），南接豆腐博物馆及二级游客中心，形成横向及纵向发展廊道，并以此延伸拓展为景区全域范围的横向及纵向发展商道，构建大景区发展格局。忠实继承优秀传统文化，立足当下，做好继承、发扬、创新。继承建筑风格和古镇的空间布局（包括水系、街巷、生产生活方式），保护并恢复古镇东拓区域八卦水系格局，立足当下需求，利用现代技术，将传统建筑空间转化成吸引游客参与并为古镇居民提供便利生活的空间。合理布局古镇旅游要素业态，六大街区部分主题功能集聚发展，优化业态配比，以民宿集群、美食街区等旅游要素形成产业集聚，重点项目形成示范引领作用，促进产业发展。用场景记录前童文化，记录美好生活，结合景观风貌提升，增加休息空间、文化广场、集散广场，完善服务设施，共同构建旅游场所，提高景区的环境质量，沉浸式体验前童文化的魅力。以古镇肌理为基础，增加相应的休闲空间及节点，完善休闲设施、服务设施、文化设施，满足游览需求。丰富古镇文化体验方式，打造前童五坊、前童博物馆等文化设施及重点项目，形成生活体验型的旅居度假区，拉长游客度假停留时间，将古镇真正打造成为一座处处展现美好生活的生态小镇。

4. 放大旅游效应，全力推进古镇可持续发展

加强与城区、周边乡镇的互补共赢，串联古镇、梁皇山、上金谷特色文旅线路，拉大旅游周长、放大文旅特色。培育壮大"一核多点"的乡村旅游市场主体，打造生态农场、滨溪亲子主题乐园等沉浸式体验项目，加快形成果蔬采摘、田园观光、农事体验等为重点的乡村旅游形态，推动农旅、商旅、体旅等产业融合发展。盘活本土文化和历史古迹资源，提升文化魅力和吸引力，培养引育本土乡建艺术家和非遗保护传承人，接续举办豆腐文化节、群众文创集市等活动，推动民间民俗艺术百花齐放，打响前童文旅品牌。

参考文献

[1] 戴代新，戴开宇，2009. 历史文化景观的再现 [M]. 上海：同济大学出版社．
[2] 丁俊清，杨新平，2009. 浙江民居 [M]. 北京：中国建筑工业出版社．
[3] 费孝通，1985. 乡土中国 [M]. 北京：生活·读书·新知三联书店．
[4] 冯尔康，1996. 中国古代的宗族与祠堂 [M]. 北京：商务印书馆国际有限公司．
[5] 顾希佳，2002. 前童古村落 [M]. 长春：吉林摄影出版社．
[6] 顾希佳，2009. 前童：古村落的活化石 [M]. 杭州：浙江大学出版社．
[7] 过汉泉，2015. 江南古建筑木作工艺 [M]. 北京：中国建筑工业出版社．
[8] 计成，刘艳春，2015. 园冶 [M]. 南京：江苏凤凰文艺出版社．
[9] 蒋善学，童西军，2012. 前童行会 [M]. 北京：中国文史出版社．
[10] 李诫撰，邹其昌点校，2006. 营造法式 [M]. 北京：人民出版社．
[11] 李秋香，2006. 宗祠 [M]. 北京：生活·读书·新知三联书店．
[12] 李秋香，罗德胤，陈志华，等，2010. 浙江民居 [M]. 北京：清华大学出版社．
[13] 李浈，2006. 中国传统建筑形制与工艺 [M]. 上海：同济大学出版社．
[14] 梁思成，2001. 梁思成全集·第七卷 [M]. 北京：中国建筑工业出版社．
[15] 梁思成，2005. 中国建筑史 [M]. 天津：百花文艺出版社．
[16] 林耀华，2000. 义序的宗族研究（附：拜祖）[M]. 北京：生活·读书·新知三联书店．
[17] 刘杰，2009. 江南木构 [M]. 上海：上海交通大学出版社．
[18] 楼庆西，2011. 雕梁画栋 [M]. 北京：清华大学出版社．
[19] 楼庆西，2011. 装饰之道 [M]. 北京：清华大学出版社．
[20] 宁海县地方志编纂委员会，2019. 宁海县志（1987—2008）[M]. 北京：方志出版社．
[21] 潘谷西，2015. 中国建筑史 [M]. 7版. 北京：中国建筑工业出版社．
[22] 邱枫，2011. 宁波古村落史研究 [M]. 杭州：浙江大学出版社．
[23] 阮仪三，2000. 历史环境保护的理论与实践 [M]. 上海：上海科学技术出版社．

[24] 阮仪三，2010. 阮仪三与江南水乡古镇 [M]. 上海：上海人民美术出版社．

[25] 阮仪三，2013. 遗珠拾粹：中国古城古镇古村踏察 .1[M]. 上海：东方出版中心．

[26] 王兴满，2006. 走进前童 [M]. 北京：中国文史出版社．

[27] 王昀，2016. 传统聚落结构中的空间概念 [M]. 2 版．北京：中国建筑工业出版社．

[28] 闻人军，2008. 考工记译注 [M]. 上海：上海古籍出版社．

[29] 杨新平，2015. 浙江古建筑 [M]. 北京：中国建筑工业出版社．

[30] 姚承祖，张至刚，刘敦桢，1986. 营造法原 [M]. 北京：中国建筑工业出版社．

[31] 张悦鸣，2006. 前童：中国历史文化名村 [M]. 北京：中国摄影出版社．

[32] 章亚萍，周益，2019. 前童元宵行会 [M]. 杭州：浙江摄影出版社．

[33] 周岚，朱光亚，张鑑，等，2017. 乡愁的记忆：江苏村落遗产特色和价值研究 [M]. 南京：东南大学出版社．

[34] 周岚，朱光亚，张鑑，等，2020. 历史的印记：江苏历史文化名镇的特色和价值 [M]. 南京：东南大学出版社．

[35] 周易知，2019. 浙闽风土建筑意匠 [M]. 上海：同济大学出版社．

[36] 朱晓明，2010. 一个皖南古村落的历史与现实 [M]. 上海：同济大学出版社．

[37] 朱晓明，冯国宝，2003. 灵山秀水隐前童 [M]. 石家庄：河北教育出版社．

[38] Chen X, Xie W, Li H, 2020. The spatial evolution process, characteristics and driving factors of traditional villages from the perspective of the cultural ecosystem: A case study of Chengkan Village[J]. Habitat International 104: 102250.

[39] Li G, Hu W, 2019. A network-based approach for landscape integration of traditional settlements: A case study in the Wuling Mountain area, southwestern China[J]. Land Use Policy 83: 105-112.

[40] Torreggiani D, Ludwiczak Z, Dall Ara E, et al, 2014. TRuLAn: A high-resolution method for multi-time analysis of traditional rural landscapes and its application in Emilia-Romagna, Italy[J]. Landscape and Urban Planning 124: 93-103.

[41] Zhang Y, Baimu S, Tong J, et al, 2018. Geometric spatial structure of traditional Tibetan settlements of Degger County, China: A case study of four villages[J]. Frontiers of Architectural Research 7（3）：304-316.

[42] 蔡梦天，2021. 乡村振兴背景下农村旅游业发展的策略——以慈溪市鸣鹤古镇为例 [J]. 农村经济与科技，32（07）：85-86.

[43] 陈薇，2003. 木结构作为先进技术和社会意识的选择 [J]. 建筑师（06）：70-88.

[44] 丁晓东，2021. 守住乡愁 振兴乡村 [J]. 社会主义论坛（11）：54-55.

[45] 高正蓓，2011. 浅析剑川木雕图案的艺术特征 [J]. 世纪桥（07）：18-19.

[46] 何依，2005. 城市记忆与文化传承——石浦老城保护规划与实施 [J]. 城市规划（09）：89-92.

[47] 何依，程晓梅，2018. 宁波地区传统市镇空间的双重性及保护研究——以东钱湖韩岭村为例 [J]. 城市规划（07）：93-101.

[48] 何依，孙亮，2017. 基于宗族结构的传统村落院落单元研究——以宁波市走马塘历史文化名村保护规划为例 [J]. 建筑学报（02）：90-95.

[49] 何仲禹，张杰，2011. 旅游开发对我国历史文化村镇的影响研究 [J]. 城市规划（02）：68-73.

[50] 孔惟洁，2021. 浙东古村落寺庙祠类建筑空间特征及其演化规律——以宁波东钱湖域古村落为例 [J]. 城市建筑，80（16）：80-84，185.

[51] 郎杰斌，华小琴，吴蜀红，2018. 浙江耕读文化的特点与历史影响 [J]. 浙江师范大学学报（社会科学版）（03）：74-80.

[52] 李和平，谢鑫，罗求生，2023. 家族型传统聚落空间的整体特征与社会语义——以宁波市为例 [J]. 城市规划（01）：60-74.

[53] 李和平，张邹，2009. 浅析环境心理学对古镇格局和活力复兴的影响 [J]. 小城镇建设（10）：69-73.

[54] 李红艳，2013. 地域主义下的历史古镇文化传承解析——以宁波市宁海县前童古镇为例 [J]. 建筑学报（S1）：18-23.

[55] 李华，叶斌，范宁，等，2022. 南京老城南·小西湖街区保护与再生实践研讨 [J]. 建筑学报（01）：60-69.

[56] 刘沛林，1998. 论中国古代的村落规划思想 [J]. 自然科学史研究（01）：82-90.

[57] 刘沛林，刘春腊，邓运员，等，2010. 中国传统聚落景观区划及景观基因识别要素研究 [J]. 地理学报（12）：1496-1506.

[58] 刘奇，2019. 保护与活化古村古镇是乡村振兴的第一要务 [J]. 中国发展观察（02）：47-48，43.

[59] 刘玮，张杰，2022. 线性文化遗产保护区沿线乡村旅游发展效应评估及发展路径选择——以北京长城文化带为例 [J]. 城市发展研究（10）：116-124.

[60] 刘中华，2020. 宁波朱金漆木雕源流考 [J]. 文化学刊（08）：24-30.

[61] 卢济威，张凡，2016. 历史文化传承与城市活力协同发展 [J]. 新建筑（01）：32-36.

[62] 彭智勇，2020. 基于工业档案资源开发的文化产业创新路径探析 [J]. 科技经济市场（11）：135-137.

[63] 浦欣成，王竹，高林，等，2013.乡村聚落平面形态的方向性序量研究[J].建筑学报（05）：111-115.

[64] 普书贞，崔迎春，2020.日本匠人文化的形成、发展与当代意义[J].今日科苑（04）：17-23，30.

[65] 阮仪三，徐琳，2009.浙江宁海前童古镇[J].城市规划（04）：97-98.

[66] 童亿勤，伍磊，马仁锋，2015.基因视角的前童传统文化景观研究[J].宁波大学学报（人文科学版）（04）：123-128.

[67] 王卡，2015.传统聚落空间的场景性与叙事性——以浙江永康芝英古镇为例[J].新建筑（04）：112-115.

[68] 王晔，过伟敏，2014.前童鼓亭行会的缘起及演变研究[J].装饰（11）：86-89.

[69] 吴晓，陈薇，王承慧，等，2012.历史文化资源评估的总体思路与案例借鉴[J].城市规划（02）：89-96.

[70] 徐学敏，2014.宁绍地区明代民居特征简述[J].中国名城（11）：53-57.

[71] 徐雁，2003."耕读传家"：一种经典观念的民间传统[J].江海学刊（02）：154-161.

[72] 徐宗武，杨昌鸣，王锦辉，2015."有机更新"与"动态保护"——近代历史建筑保护与修复理念研究[J].建筑学报（S1）：242-244.

[73] 许广通，何依，孙亮，2020.历史文化名村的非整体性问题与整体应对逻辑——基于宁波地区规划实践的启示[J].建筑学报（02）：9-15.

[74] 杨芝，蒋攀，2022.用数字科技彰显文化内涵 "诗路海韵"唐诗之路宁海数字馆开馆[J].宁波通讯（06）：66-67.

[75] 张畅芳，2019.一张蓝图绘到底 红色联盟助振兴[J].政策瞭望（12）：37-38.

[76] 张杰，2020.四十载构筑中华聚落遗产保护的基石[J].当代建筑（04）：14-15.

[77] 张星，何依，2020.城边型传统村落保护与发展路径选择——以宁波市滨海地区为例[J].华中建筑（12）：94-99.

[78] 张颖，2019.耕读传家：论乡村振兴战略中农业遗产保护活化的文化逻辑[J].贵州社会科学（05）：68-73.

[79] 张宇，范悦，吴捷，2019.乡村聚落空间演化与旅游开发的关联机制研究[J].新建筑（01）：106-109.

[80] 张子琪，裘知，王竹，2017.基于类型学方法的传统乡村聚落演进机制及更新策略探索[J].建筑学报（S2）：7-12.

[81] 赵晓梅，2016.活态遗产理论与保护方法评析[J].中国文化遗产（03）：68-74.

[82] 赵晓梅，杜晓帆，2018.村落型遗产整合性规划探索——以全国重点文物保护单位楼

上村古建筑群保护规划为例 [J]. 中国文化遗产（06）：53-58.

[83] 朱朝霞，苏方军，2012. 民族文化在园林中的运用 [J]. 现代园艺（20）：71.

[84] 朱光亚，2019. 东方文化积淀对中国建筑遗产保护理念和实践的影响 [J]. 建筑学报（12）：7-13.

[85] 史源，2015. 义乌古民居墙面装饰研究 [D]. 杭州：浙江工业大学.

[86] Jiao L, Fang J. Study on Strategy for Sustainable Development of Traditional Settlement Space Environment：2011 INTERNATIONAL CONFERENCE ON ENVIRONMENTAL TECHNOLOGY AND MANAGEMENT（ETM 2011）[Z]. WU X K, XIE H.International Conference on Environmental Technology and Management（ETM 2011）：2011134-138.

[87] 宁海县规划局，宁海县前童镇人民政府，浙江大学城乡规划设计研究院有限公司，2016.《宁海县前童历史文化名镇保护规划（2018-2035）》[Z].

[88] 宁海县规划设计院，宁海县前童镇人民政府，2015.《宁海县前童镇总体规划（2015—2030）》[Z].

[89] 宁海县前童镇人民政府，2016.《宁海乡愁小镇概念规划》（2016 版）[Z].

[90] 宁海县前童镇人民政府，浙江大学城乡规划设计研究院有限公司，2020.《前童古镇国家 AAAAA 级旅游景区创建总体规划（2020—2030）》[Z].

[91] 上海奇创旅游景观设计有限公司，浙江浙旅规划设计研究院有限公司，2011.《宁海县全域旅游发展总体规划（2017—2035）》[Z].

[92] 上海同济城市规划设计研究院，2007.《前童镇区控制性详细规划（2008—2020）》[Z].

[93] 童氏谱志编制委员会，1995. 塔山童氏谱志（第一卷）[Z].